ESPECIALISTA EM PESSOAS

TIAGO BRUNET

ESPECIALISTA EM PESSOAS

SOLUÇÕES BÍBLICAS E INTELIGENTES PARA LIDAR COM TODO TIPO DE GENTE

academia

Preparação: Vivian Miwa Matsushita
Revisão: Nine Editorial e Vanessa Almeida
Diagramação: Felipe Romão
Imagens de miolo: Shutterstock
Capa: Anderson Junqueira
Imagens de capa: Aniwhite / Shutterstock

Dados Internacionais de Catalogação na Publicação (CIP)
Angélica Ilacqua CRB-8/7057

Brunet, Tiago
Especialista em pessoas: soluções bíblicas e inteligentes para lidar com todo tipo de gente / Tiago Brunet. -- São Paulo: Planeta, 2020
224 p.

ISBN: 978-85-422-1875-6

1. Relações humanas 2. Relações humanas - Aspectos religiosos 3. Autoconhecimento I. Título

20-1117 CDD 158.2

Índices para catálogo sistemático: 1. Relações humanas

MISTO
Papel | Apoiando o manejo florestal responsável
FSC® C005648
FSC www.fsc.org

Ao escolher este livro, você está apoiando o manejo responsável das florestas do mundo, e outras fontes controladas

2026
Todos os direitos desta edição reservados à
EDITORA PLANETA DO BRASIL LTDA.
Av. Paulista, 854, 2° andar – Bela Vista
São Paulo – SP – CEP 01310-913
www.planetadelivros.com.br
faleconosco@editoraplaneta.com.br

Sumário

Introdução: Mundo ideal x Mundo real 7

Capítulo 1: As três esferas da amizade 15

Capítulo 2: Teoria dos incontornáveis 40

Capítulo 3: Lidando com os contornáveis 61

Capítulo 4: Teoria 2 em 1 88

Capítulo 5: Ladrões da alegria, sequestradores da felicidade 114

Capítulo 6: A trilha da vida 144

Capítulo 7: Espelhos da vida 168

Capítulo 8: Laboratório milenar 188

Conselhos finais 211

Agradecimentos 221

Mundo ideal x Mundo real

Eu invisto em pessoas diariamente, mas nunca espero algo em troca. Você pode investir na bolsa de valores esperando retorno, mas, no caso de pessoas, criar expectativas pode afundá-lo num poço de decepção.

Como o título deixa claro, este livro é sobre pessoas. Sobre relacionar-se com pessoas. Sobre entender a motivação das pessoas. Então este livro é primeiramente sobre você. Sobre você se conhecer e, assim, entender e conhecer o outro.

Recentemente, uma senhora me atacou no Instagram quando postei minha ideia sobre a teoria da associação (Capítulo 1), em que apresento o conceito de que as pessoas deixam de falar com você ou até se tornam opositoras só porque você postou uma foto com alguém de quem elas não gostam. Essa mulher, de cerca de 50 anos de idade, afirmou sem meias-palavras: "Não tenho inimigos. Jesus mandou amar uns aos outros".

Achei linda a defesa da fé! Afinal de contas, tenho sido, pela graça divina, um guia espiritual para muita gente. Então quero começar explicando para você a diferença entre o mundo ideal e o mundo real.

TRANSFORME SUA MENTE.
DEIXE-A ABERTA PARA NOVAS
IDEIAS E POSSIBILIDADES.

No **mundo ideal**, as pessoas amam umas às outras, ninguém julga para não ser julgado. A família, nesse lugar, é a que mais preserva os familiares. E aqueles que nos ofendem e nos perseguem são perdoados sem demora ou ressentimentos.

Contudo, no **mundo real**, as coisas *ainda* não funcionam assim. No mundo real, familiares fofocam, amigos traem e quem deveria amar você simplesmente o abandona.

No meu ponto de vista, foi exatamente por esse motivo que Jesus passou por esta terra, para apontar o futuro, o mundo ideal: precisávamos de esperança!

Enquanto vivemos a batalha "ideal" *versus* "real", precisamos **aprender a sobreviver** no mundo tal como ele se apresenta diante de nós. É esse o mundo em que vivemos agora. Espero que aquela senhora que me escreveu nas redes sociais entenda isso!

Neste mundo real, a inveja é forte, os *haters* e os críticos são profissionais e a mentira flui em velocidade de internet banda larga. Neste mundo, temos mais desgastes emocionais do que alegria com as pessoas. Isso faz sentido para você?

Nossos olhos podem mirar o mundo ideal, ter a meta de viver como se ali estivéssemos; porém, é preciso que nossa mente e nosso coração estejam **vacinados contra as epidemias emocionais do mundo real** que tentam nos infectar. Este livro será um guia para você entender e se relacionar com as pessoas à sua volta.

Por anos, estudamos coisas que raramente usamos: raiz quadrada, demonologia (estudos dos demônios) e a história da Europa medieval são alguns exemplos. Mas no que diz respeito às PESSOAS, aquelas com quem lidamos todo santo dia, ainda não somos ensinados a lidar de modo que nos tornemos especialistas no assunto.

Estranho, não?

Quando digo PESSOAS, estou incluindo você. Autoconhecimento ajuda, e muito, a termos relacionamentos saudáveis.

Ao testar, nas minhas redes sociais, as teorias que você conhecerá neste livro, muita gente rebateu minhas ideias, uma vez que os paradigmas apresentados aqui são diferentes de tudo já visto. Às vezes, parecem ser antagônicos em relação ao pensamento coletivo. Afinal a compreensão do mundo está no olho de quem vê.

Por isso esteja preparado para mudar a sua forma de compreender esse assunto, caso queira avançar e crescer. Com a visão que possui hoje, você no máximo conseguirá a vida que já tem agora.

É importante que você entenda que este livro foi escrito para este tempo, para a vida que temos no mundo real. Ao mesmo tempo, desejo que mantenhamos a esperança de que o mundo ideal vai se tornar real um dia e que nele todas as relações serão perfeitas.

Compreenda este livro

Todo mundo quer ser feliz, todos procuram o **sucesso**! Pelo menos no mundo real.

Recebo milhares de mensagens pelas redes sociais e, com uma frequência quase assustadora, também sou parado nos aeroportos e nas ruas. Quer saber o que eu mais escuto? São frases como estas: "Tiago, me ajuda, quero vencer na vida", "Quero ajudar o mundo", "Quero ser relevante", "Preciso ter sucesso".

Ao observarem a minha vida hoje, as pessoas imaginam que há um segredo ou uma fórmula secreta a ser transmitida em forma de um rápido conselho numa "conversa de aeroporto". Na verdade, a vida é um processo.

Em todos os meus livros anteriores, dei dicas infalíveis para vencer o processo e conquistar tudo isso: descobrir o seu propósito; desenvolver inteligência emocional; viver o seu destino (e não o dos outros); aprender a lidar com o dinheiro de forma sábia e ter o maior poder do mundo a seu favor.

Entretanto, foi só recentemente que me caiu a ficha. **Uma sacada que muda TUDO.**

O grande *insight* é: no fim das contas, **são as PESSOAS que definem se a nossa vida valeu a pena** ou não. O melhor vinho não é o de origem europeia ou de uma safra especial, mas aquele que foi compartilhado com alguém incrível.

Joana, um anjo que Deus enviou para ajudar Jeanine e eu a cuidar dos nossos quatro filhos, comentou certo dia aqui em casa: "Foi uma pessoa quem deu o primeiro banho da sua vida e será uma pessoa quem dará o último também".

Precisamos de pessoas!

Você talvez esteja revoltado com alguém e até não esteja falando com outros neste momento. Mas, acredite, você vai precisar das pessoas. **Quanto menos inimigos tiver, mais chances de terminar bem.**

Tenho certeza de que, se você refletir sobre suas melhores e piores lembranças, verá que seus piores momentos aconteceram por causa de pessoas, assim como os seus melhores dias.

Você não é humilhado ou abandonado por um animal ou por um objeto, e sim por pessoas. Ao mesmo tempo, você não celebra uma conquista na vida ou nos negócios com o seu carro, você quer estar rodeado pelas pessoas que são importantes na sua vida.

Em resumo: tudo, exatamente tudo, gira em torno de pessoas.

Eu já tive a oportunidade de provar essa relação entre pessoas e situações (sejam elas boas ou ruins) em vários momentos.

Conversei com celebridades, com grandes homens do mundo dos negócios, com gente dos mais diferentes nichos de atuação e popularidade diversa... e absolutamente todo mundo que conheci, em algum momento da conversa, acabava mencionando algo como: "Fulano mudou minha vida para melhor" ou "Sicrano foi a minha desgraça".

Em algum momento, alguém entra na sua história, às vezes, até sem ser convidado, e muda as coisas. Para pior ou melhor, são as pessoas que definem o nosso futuro. Entendeu?

A POLÍTICA PODE GOVERNAR UM PAÍS, MAS SÃO AS PESSOAS QUE GOVERNAM O SEU MUNDO INTERIOR.

Dediquei os anos de 2018 e 2019 inteirinhos a pensar sobre o que REALMENTE dá sentido à vida. Eu queria encontrar um **elo** entre as histórias de sucesso, as vidas extraordinárias que marcaram a humanidade, as lições milenares da Bíblia e a mudança rápida e inevitável do mundo.

Durante esse valioso tempo de reflexão cuja intenção era ampliar o meu entendimento, descobri que todos nós estamos em busca de respostas e de propósito. Por fim, meus pensamentos sobre o sentido de nossa existência e a euforia relacionada às conquistas tiveram a mesma resposta: PESSOAS!

Nada faz sentido sem elas.

NÃO SEI QUAL É O SEU SONHO, MAS É CERTO QUE VOCÊ VAI PRECISAR DE PESSOAS PARA REALIZÁ-LO!

O sonho de muitos está relacionado com o matrimônio, outros buscam a felicidade e o bem-estar individual, muitos correm atrás de conquistas financeiras, outros querem apenas deletar o passado e ter uma chance para viver o futuro. Tudo isso, no final das contas, vai se resumir a PESSOAS.

São elas que contribuem para a realização ou prejudicam nossos planos e projetos. Pessoas feriram você; e outras foram fonte de cura para a sua vida. Não é assim?

Qual seria o sentido de ser bilionário, mas estar sozinho em uma ilha deserta?

Pense bem, na ilha você pode ter acesso a tudo: as melhores casas, os mais novos carros de luxo e restaurantes 5 estrelas... a única coisa que não terá por lá são pessoas. Você terá que curtir tudo isso sem ninguém por perto. E aí, topa?

Pois bem, chegamos ao cerne! Acho que deu para entender a ideia. Agora o ponto é: se **tudo** o que você espera para o futuro tem a ver com pessoas, aprenda a lidar com elas. É disso que trataremos neste livro!

TORNE-SE UM ESPECIALISTA NESSE ASSUNTO E PREPARE-SE PARA SER LÍDER EM TUDO O QUE FIZER.

Esta geração *mimimi* (como dizem por aí) ainda não entendeu o segredo do sucesso. A geração que tem o poder de "bloquear" nas redes sociais está usando essa alternativa sem moderação na vida real. Parece que ninguém quer mais resolver problemas, basta silenciá-los.

Contudo, fazer isso não dá certo, eu garanto. Problemas silenciados voltam a atormentar a vida como se fossem fantasmas, tempos depois. Freud dizia que "a fuga é o caminho mais seguro para se tornar prisioneiro daquilo que se quer evitar".

Somente quando você entender que são as pessoas à sua volta que vão promover ou bloquear o seu futuro é que muitas portas se abrirão. O medo que paralisa você, e aciona aquele instinto de querer "bloquear" os problemas, desaparecerá.

O presidente da Coca-Cola estudou muito para ser CEO de multinacional, mas foi o relacionamento com uma pessoa que o colocou na cadeira tão sonhada. Ele precisou de um currículo sólido, mas ser atendido pelo *headhunter* que contrata os diretores executivos das maiores empresas do mundo somente se consegue com um bom relacionamento interpessoal. No Oriente Médio, os famosos personagens bíblicos Sadraque, Mesaque e Abdnego se tornaram chefes dos negócios da Babilônia, em seu auge, por indicação de um amigo, Daniel.

Você tem amigos reais ou apenas contatos no WhatsApp e seguidores nas redes sociais?

AS "COISAS" FACILITAM A VIDA, MAS SÃO AS PESSOAS QUEM DEFINEM NOSSA EXISTÊNCIA.

Invejosos sempre vão existir, e você terá que lidar com eles. Rancorosos e perseguidores também. Pessoas são assim: algumas inesquecíveis, outras intragáveis.

Entenda que o orgulho sempre fará parte da humanidade. O medo, a insegurança, a INVEJA e o ódio também. Você terá que conviver com isso sempre.

Na verdade, as pessoas só mudam se você mudar. Grave isso!

E aí, como está a sua disposição para implementar mudanças na sua vida?

O invejoso não vai mudar só porque você não gosta de ser invejado. O crítico não vai parar de criticar só porque você está chateado com isso. Você terá que mudar a ponto de que aquilo que vem de fora não aflija o seu interior.

A SOLUÇÃO ESTÁ EM VOCÊ, NÃO NO OUTRO.

Com a ajuda deste livro, você vai:

- aprender a sobreviver à inveja, às fofocas e às intrigas (elas sempre vão existir);
- identificar quem são as pessoas incontornáveis de sua vida e aprender a lidar com elas;
- aprender a deixar as pessoas erradas irem embora de sua vida (isso é muito importante);
- entender como lidar com as pessoas mais difíceis (é chato, mas necessário);
- aprender a relacionar-se por ordem de prioridade;
- entender as teorias de classificação de pessoas;
- entender e aplicar as três esferas de amizades (isso vai mudar você);
- ter sabedoria para pensar e falar (afinal, você está lidando com seres humanos),
- conhecer a teoria do 2 em 1: a difícil arte de viver a dois (viver sozinho, geralmente, é pior);
- aprender a ter princípios que sejam mais fortes do que seus sentimentos;
- tomar o remédio contra o orgulho (isso é surpreendente!);
- conhecer e aprender a avançar na trilha da vida;
- observar com mais sabedoria os espelhos da vida;
- ser munido de ferramentas milenares para resolver os problemas de relacionamento atuais.

Que bom que você está com este livro em mãos. Se você mantiver a sua mente aberta e desejar transformação, é certo que, depois da leitura, vai indicá-lo a todos que estão à sua volta. Seu mundo real será bem melhor depois que você aprender a conviver com aqueles que o rodeiam.

Quero, nesta obra, apresentar a você a solução bíblica para o problema socioemocional do mundo real, para seguirmos juntos em busca do mundo ideal.

Algumas pessoas ferem, outras curam.

Decida, depois de ler este livro, se você será aquele que magoa ou o que cura. Ser quem perturba ou quem facilita. Escolha o melhor caminho!

Você não vai muito longe sem pessoas ao seu redor. Sugiro que tenha uma Bíblia ao seu lado enquanto lê este livro. Coloquei muitas referências bíblicas em notas de rodapé para você estudar com profundidade cada assunto abordado aqui.

Desejo paz e prosperidade.

Tiago Brunet

Capítulo 1

As três esferas da amizade

Celebre quem entra em sua vida;
não reclame de quem dela saiu.

"Soltei" essa frase em um dos meus primeiros vídeos que viralizaram na internet. Ela foi o motivo principal de alcançarmos cerca de 30 milhões de visualizações somente em um *post*, publicado no Facebook em 2017. Isso me chamou atenção!

Toda vez que vídeos nossos falam sobre PESSOAS, a média de engajamento virtual atinge uma marca até 300% maior que a das demais publicações.

A constatação do motivo para esse engajamento é fácil: **Quem nunca se decepcionou com um amigo?**

Como os seres humanos são imprevisíveis, você nunca sabe de onde virá a "facada nas costas". Por conta disso, muitos de nós carregamos raiva e ressentimentos, além de certamente já termos vivido discórdias causadas por pessoas.

Jesus Cristo, que nunca errou com ser humano algum e ficou cerca de três anos treinando seus doze amigos, foi traído por um deles sem dó nem piedade. Outro companheiro de jornada, dessa vez um dos mais íntimos, por três vezes fingiu que não o conhecia, sem disfarçar, só porque estava com medo. Quando Jesus passou por seu pior momento, a cruz, somente um entre tantos amigos e seguidores que tinha ficou por lá para dar apoio moral.

Se isso tudo aconteceu com o único homem que jamais cometeu um único ato de maldade em toda a vida, imagine conosco, simples mortais!

Neste primeiro capítulo, portanto, vamos abordar os tipos de relacionamento que temos na vida. Amizades, relações familiares, amores, convivências obrigatórias... Afinal, qualquer relacionamento pode ser a causa da nossa dor. Só quem come à nossa mesa e escuta nossos segredos pode nos trair; os de fora, no máximo, nos decepcionam.

Em 2014, quando a empresa que eu dirigia quebrou financeiramente, vivi um período de profundas angústias, com dívidas exorbitantes. Eu olhava para os lados e pouquíssimos amigos haviam restado. Quase nenhum, na verdade.

Nesse período da minha vida, pude compreender o versículo bíblico: "Em todo tempo ama o amigo, e na angústia se faz o irmão".[1] Quem fica ao nosso lado depois dos dias mais difíceis, na angústia, ganha destaque no longa-metragem da sua vida. Quem decidiu partir naquela época me acompanha de longe hoje. Já quem ficou, ah, esse entrou para a minha família e agora tem vaga cativa em meu coração.

A vida funciona desta forma: nos piores períodos, registramos em nossa mente quem é quem. É difícil desassociar fatos de pessoas.

Nos dias bons, é quase impossível identificar as verdadeiras intenções de alguém. Seres humanos são teatrais e complexos. Tudo pode ser uma encenação. Nos dias ruins, porém, não há um *Homo sapiens* sequer que seja capaz de se manter num papel fictício.

A verdade é que as pessoas não vão mudar só porque você não gosta delas. Foi por isso que decidi escrever estas teorias: *será necessário conhecimento específico, paciência e sabedoria para provocar mudanças em alguém* (porque, geralmente, a mudança precisa começar a partir de você).

---

1 Provérbios 17:17.

O que Jesus nos ensina sobre pessoas?

A cada dia, aprendo coisas novas com a história de Jesus. Quando o assunto é amizade, observei que as três esferas que apresento aqui faziam parte de sua rotina.

Repare nos dados a seguir.

Jesus tinha cerca de 500 seguidores, que eram seus amigos **estratégicos**. Eu os chamo estratégicos porque, por exemplo, enquanto Jesus subia aos céus, esses 500 estavam lá como testemunhas oculares para espalhar a notícia por toda a terra.

Perceba que todos precisamos de amigos estratégicos. É muito possível que eles não comam na sua mesa ou não compartilhem suas preferências na Netflix, mas são conexões importantes para a construção do seu futuro.

Jesus também tinha doze amigos **necessários**. Sem eles, Jesus não teria uma equipe. Assim como ele, você também precisa de amigos. Nem todos serão os melhores, no sentido de mais próximos, mas ainda assim são necessários para a sua caminhada pela estrada da vida.

Por fim, o Homem de Nazaré tinha três amigos íntimos. A estes Jesus confiava segredos, compartilhava com eles sonhos e revelava-lhes quem ele realmente era. Quando foi ao monte, hoje chamado Monte da Transfiguração, Jesus convidou somente seu círculo íntimo para subir ali e ver o que lhe aconteceria.

Como sou teólogo por formação e pesquisador das Escrituras por paixão, as soluções que apresento neste livro sempre serão bíblicas. Está dando certo há milênios, para que vamos tentar "inventar a roda"? O melhor investimento é aquele em que há certeza de ganho!

O *insight* de que o código que destrava a nossa vida depende do nosso relacionamento com as pessoas certamente desenvolveu-se por conta da minha intimidade com o Texto Sagrado e Milenar. A teoria das três esferas de amizades é inspirada na trajetória de Cristo aqui na terra; por isso, tenho certeza de que é uma teoria infalível.

Agora, por que você se frustra tanto com as suas amizades se Jesus não se decepcionou, apesar dos erros de seus amigos?

Quando colocamos cada amigo na esfera correta, nosso nível de expectativa fica alinhado com a possibilidade de erros. E é assim que todos sofrem menos. Quer ver?

Judas **traiu** Jesus. Ele estava na esfera dos amigos necessários. Entre os Doze.

Pedro **negou** Jesus. Ele estava na esfera dos amigos íntimos. Entre aqueles três mais próximos.

A primeira coisa que devemos entender é que quando Jesus coloca Judas na esfera dos necessários, o nível de expectativa é diferente em relação a quem está na esfera dos íntimos.

MENOS EXPECTATIVA, MENOS DECEPÇÃO.

Quando Judas foi ao jardim Getsêmani entregar o Mestre com um beijo, Jesus não se surpreendeu, mas perguntou: "Amigo, para que vieste?".[2]

É triste, mas o Nazareno já esperava ser traído. Talvez seja exatamente por isso que nunca tenha compartilhado segredos íntimos com Judas e, principalmente, por isso não ficou remoendo esse fato negativo depois.

Você tem essa blindagem emocional para não remoer os erros que outros cometem contra você?

Pois penso que, se fosse conosco, provavelmente ficaríamos dizendo, durante anos a fio: "É tudo culpa de Judas!", ou "Ah, se Judas não tivesse feito isso", ou ainda "*Impeachment! Impeachment*, fora Judas!".

E quanto a Pedro? Pedro nega Jesus não somente uma, mas três vezes em uma única noite!

Contudo, Pedro se arrepende de imediato, chora amargamente e busca conciliação. Amigos, por mais íntimos que sejam, ainda são humanos e, assim, sujeitos a falhas. No entanto, a amizade íntima carrega traços que a diferenciam.

Deixe-me contar uma história popular sobre amizade.

2 Mateus 26:50.

Dois amigos viajavam pelo deserto. No meio dessa difícil jornada que é viajar a dois em lugar tão inóspito, discutiram gravemente e chegaram à agressão física.
O amigo que foi ofendido não disse nada. Ele não intensificou a tensão, apenas escreveu na areia: "HOJE, O MEU MELHOR AMIGO ME BATEU NO ROSTO".
Havia uma jornada a completar, e eles seguiram viagem. Depois de algum tempo, chegaram a um oásis. Ah, que frescor depois de uma longa jornada!
Os dois entraram na água para um "banho da vitória".
Ali, o amigo que havia levado um "tapa na cara" anteriormente começou a se afogar. O amigo que havia agredido, arriscando a própria vida, mergulhou e o salvou sem pestanejar.
Ao recuperar-se do susto, o amigo que antes estava ofendido, pegou um canivete e escreveu numa pedra: "HOJE, O MEU MELHOR AMIGO SALVOU A MINHA VIDA".
Intrigado, aquele que se arriscara para salvar o amigo perguntou: "Por que, depois que o agredi, você escreveu na areia, e agora que o salvei, você escreveu na pedra?".
Ao que, sorrindo, o outro respondeu: "Quando um amigo íntimo nos ofende, devemos escrever na areia, pois ali o vento do esquecimento e do perdão se encarregam de apagar a ofensa. Quando um amigo nos faz algo grandioso, porém, devemos escrever na pedra, cravar na memória e no coração, pois ali nem o vento e nem o tempo poderão apagar as marcas do bem recebido.

Moral da história: até os amigos íntimos podem errar em relação a você. Tenha em mente que nenhum ser humano é perfeito. Todavia, o que realmente importa é como você escolhe registrar esse erro. Seja grato e faça memórias apenas com as coisas boas da vida. Não se prenda ao que acontece de negativo, permita que todo mal seja levado pelo vento e pelo perdão.

"Classificar" os amigos é um dos segredos da felicidade

É atravessando os desertos da vida
que conhecemos o melhor de nós
e o pior de algumas pessoas.

Não sei de que país você é, mas nós, brasileiros, temos a habilidade emocional de nos tornarmos amigos "chegados" de alguém que acabamos de conhecer. É comum que nos apresentem o "Fulano" e, no mesmo dia, ele já esteja na nossa casa comendo um churrasco.

Essa é uma abertura socioemocional que também gera um excesso de intimidade com pessoas que JAMAIS poderiam compartilhar de nossas derrotas e vitórias, jamais deveriam saber nossos segredos e falhas. Entenda que de forma alguma estou incentivando você a ser uma pessoa fechada, que bloqueia outras pessoas e corta possibilidades de amizades. O meu intuito aqui é ensinar você a ser SELETIVO.

"AMIZADE É O QUE TORNA NOSSOS MOMENTOS DIFÍCEIS SUPORTÁVEIS E OS BONS, MEMORÁVEIS."
AUTOR DESCONHECIDO

O poder da atração

Você atrai aquilo que comunica.

Existe realmente algum tipo de poder que atrai pessoas e amizades até você?

É claro que existe!

As pessoas só se aproximam daquilo que as atrai. Grave isso!

Isso funciona inclusive no mundo animal. É por conta do poder da atração que o pescador precisa colocar uma isca no anzol. Os peixes jamais se aproximariam se não houvesse um item de seu interesse. Entende?

Dinheiro, simpatia, carisma, posição social, profissão, rede de contatos, tudo isso, por mais simples que pareça ser, faz com que as pessoas se aproximem de você. Por outro lado, manter pessoas por perto depende de outros fatores, como comportamento, reciprocidade, atenção e caráter.

Durante a vida, aprendemos que aqueles que se aproximam de nós por desejarem algo são pessoas interesseiras! Que erro! Isso não passa de falso moralismo ou de má impressão.

Pense bem: todos nós temos interesses. Você se casa pelo interesse de ser completo e feliz. Você vai à igreja por desejar a salvação eterna. Você faz amigos com interesses também! Por que seria diferente? Isso é apenas um fato. Não há nada de errado, não há suposições a serem feitas.

Sendo assim, eu lhe pergunto: "O que você precisa ter para atrair as pessoas certas para a sua vida?", e complemento: "O que está faltando para a sua 'rede' se encher de amigos?".

ATRAÇÃO	MANUTENÇÃO
Dinheiro	Comportamento
Status quo	Caráter
Rede de contatos	Reciprocidade
Redes sociais	Nível de atenção
Carisma	Verdade
Títulos	*Feedback*
Habilidades	Encontros sociais

Voltemos a pensar nos pescadores. Quando a pesca é feita com rede, ao lançá-la, o pescador não tem certeza sobre o que terá como retorno. Ao içar a rede, há todo tipo de peixe, por vezes até outros tipos de animais aquáticos.

É depois da pesca que a seleção acontece!

Depois de ver o que há em suas redes, o pescador separa o que serve e o que ele devolverá ao mar. Você me compreende, não é?

Quero usar como exemplo os dois últimos amigos que fiz.

Quando mudei de país, tive que recomeçar algumas coisas. Muito embora algumas amizades continuem firmes e sólidas espalhadas pelo Brasil e pelo mundo, era necessário fazer novas conexões para o nosso dia a dia nos Estados Unidos. Ninguém sobrevive sozinho neste mundo real e cruel.

Para começar a formar uma nova rede de amigos, fui lançando iscas.

Assim que o caminhão de mudança chegou e começamos a mobiliar nossa casa nova, nossos vizinhos americanos vieram oferecer *cookies* com um sorriso de boas-vindas. Imediatamente, eu lhes presenteei com um dos meus livros. Com esse pequeno gesto meu, eles poderiam facilmente buscar informações na internet e descobrir quem eu sou e o que faço.

Creio que o simples fato de saberem que eu sou escritor já deve ter tranquilizado a vizinhança. A prova disso é que, na mesma semana, os filhos de um vizinho já estavam brincando com os meus filhos na piscina.

Graças ao pequeno gesto deles retribuído por mim, agora tenho com quem bater um papo na porta de casa pela manhã antes de sair para os meus compromissos, e meus filhos já têm mais amiguinhos para brincar na rua.

Acredite: seus resultados na vida e suas redes sociais são uma grande isca!

Contudo, nem todos que "caem na sua rede" devem ficar. Ter muitos amigos significa ter pouca qualidade.

Outro amigo chegou em minha vida por meio de uma reunião de negócios. Ele me procurou, pois meus resultados e minhas redes sociais o fizeram enxergar uma oportunidade de negócio para ele.

Ao pesquisar mais sobre mim na internet, ele acabou assistindo a um vídeo que transformou sua forma de pensar e quebrou um poderoso paradigma em sua vida. Resultado: ele se tornou um admirador!

Em nossa primeira reunião (e veja como é, eu o atendi porque ele é reconhecido como um "famoso empresário"), ele passou mais tempo me fazendo perguntas para aproveitar minha habilidade como mentor do que falando do negócio. Sem saber, com isso ele estava ganhando ainda mais a minha atenção.

Outras reuniões se sucederam. Com o tempo, as nossas reuniões viraram "cafezinho para assuntos aleatórios", até que a amizade surgiu de verdade.

Assim é a vida, ele se aproximou de mim por desejar ter um tipo de mentoria. Eu me aproximei dele porque ele era um empresário de renome. Aproximação por interesses! Resultado? Manutenção por afinidade e nascimento de uma amizade!

Agora que você compreendeu que o poder da atração combinado com a seleção para a manutenção é o que leva você a fazer amigos, APRENDA a categorizá-los. Isso pode salvar a sua vida!

Amigos estratégicos?

Amigos estratégicos não amam você (pelo menos ainda não). Eles não vibram ou ficam entusiasmados só por quem você representa, mas se unem a você por um "bem maior", por algo que favoreça a ambos. Os estratégicos se aproximam por um plano de conquista comum.

Veja o que aconteceu comigo certa vez. Era uma tarde de segunda-feira. Um dia chuvoso e gostoso na cidade de São Paulo. Eu estava eufórico, pois se aproximava a data de um grande evento nosso na cidade de Boston, nos Estados Unidos.

O *Transformation Day* já tinha passado por outras cidades, tanto brasileiras como norte-americanas, mas aquela seria a primeira vez que eu faria esse evento de transformação pessoal no norte dos Estados Unidos.

Nesse dia, que parecia perfeito para um café e um bom livro, recebi uma ligação:

"Tiago, Tiago... deu tudo errado com o local. Eles não podem mais alugar para você nessa data."

"O quê? De que local você está falando, rapaz?"

"O do evento de Boston, teremos que cancelar."

"Ah, não... não pode ser..."

Coloquei as mãos na cabeça (acho que inconscientemente fazemos isso quando recebemos uma má notícia) e suspirei.

Nesse momento, um amigo que estava próximo me perguntou o que estava acontecendo e eu, já desesperado, expliquei. Quando terminei, ele falou:

"Bem, conheço alguém lá em Boston que tem um local, talvez dê certo. Vamos tentar falar com ele?"

"É claro, claro que sim!", eu disse, já animado novamente.

Nesse dia, fui apresentado a uma pessoa que faria parte de grandes momentos da minha vida. Juntos, já rimos mais do que um medidor de sorrisos conseguiria calcular.

Ao trocarmos as primeiras palavras, eu não tinha ideia, mas, meses depois, ele entraria para a minha esfera de amigos íntimos. Naquele momento em que éramos apresentados por videochamada e já fechávamos o acordo de locação do espaço em Boston, apenas fiquei com o coração cheio, pleno de gratidão. E, é claro, logo de cara comecei a gostar dele.

Quando chegou a semana do evento, decolei de São Paulo para a linda cidade de Boston. Estava um dia frio, de 5 graus (o que para mim é a temperatura perfeita), e fui recebido por esse novo amigo.

Ele me apresentou a cidade. Depois fomos com a minha equipe conhecer o local do evento e planejar o grande dia.

Reparem neste detalhe: ele não estava abrindo as portas do seu auditório para mim porque eu era "bonzinho e simpático". Ele sabia o que esse evento representava, já tinha visto o nosso trabalho pelas redes sociais e tinha certeza de que isso, de alguma forma, traria vantagem para os seus projetos pessoais. E eu, da mesma forma, provavelmente não teria me aproximado caso ele não tivesse o local de que eu precisava para aquele dia.

Perceba você que uma estratégia nos uniu: ele via em mim uma possibilidade de crescimento e eu via nele a solução para um grande problema. Trabalhamos juntos durante aquela semana para cada um chegar ao seu objetivo. Nós não éramos inimigos, também não éramos desconhecidos; éramos amigos, ainda que recém-apresentados. A motivação de nossa amizade, porém, era estratégica.

Tive, tenho e seguirei tendo muitos amigos estratégicos em minha vida. Alguns cruzaram a linha divisória e tornaram-se necessários em minha trajetória. Outros acessaram o meu coração e hoje se tornaram íntimos.

Entenda isto: quando você está construindo uma casa, precisa de um equipamento chamado andaime para diversas tarefas, como pintar paredes e o teto, edificar andares superiores e instalar luminárias, entre outras.

O andaime é essencial durante o tempo de uma obra. Sem ele, tudo fica mais difícil e perigoso. Mas um dia a obra termina e, começada a fase de decoração de solo, o andaime perde sua função. Ele não traiu você, não bateu em você, foi fiel na função que lhe cabia, mas, na nova fase, a da decoração, ele não tem mais como contribuir. Não tem função! Entendeu?

Andaime é útil na obra, mas não na decoração da casa. Da mesma forma, há pessoas que Deus permite permanecer por certo tempo em nossa vida por uma questão estratégica. Elas nos ajudam, contribuem, mas apenas por um período de tempo. Não insista em tentar retê-las, quando o próprio Deus decide retirá-las. Foi o caso de Ló, com Abraão;[3] e o de Labão, com Jacó.[4] Ló era sobrinho de Abraão e Labão era sogro de Jacó.

Apesar de serem familiares, eram "andaimes".

Reitero que não estou comparando pessoas a objetos. O que estou comparando são as funções.

Há pessoas que cumprem uma função em nosso destino, em nossa passagem aqui nesta terra. Quando o propósito dela para conosco é cumprido, precisamos aprender a dizer adeus.

Muitas vezes nos ferimos por desconhecer a teoria das três esferas da amizade. Sofremos quando contamos segredos ou revelamos nossos sonhos a quem é um amigo, mas apenas um amigo estratégico. Ele não está com você pelos seus sonhos ou por quem você é. Ele só precisa de você para que ambos alcancem um objetivo.

"Mas, Tiago, isso não seria ser uma pessoa interesseira?", você pode estar questionando.

Entenda algo absolutamente essencial: nem todo interesseiro é inimigo, e em toda relação, sem exceção, há interesses envolvidos. Toda relação de alguma forma começa com um interesse ou uma estratégia. Consciente ou inconscientemente, assim é. Esse é o mundo real.

Você pode ter se casado por amor, mas se aproximou pela beleza ou por outro interesse. Você vai à igreja e busca a Deus pois tem interesse na salvação eterna ou por precisar resolver algum problema impossível. Não é assim o mundo em que vivemos hoje? No mundo ideal, isso não aconteceria, mas estamos no mundo real. Isso não transforma você em uma má pessoa, e sim revela sua humanidade.

Pessoas são assim!

---

3 Gênesis 12 e 13.

4 Gênesis 29, 30 e 31.

Amigos necessários?

Os amigos necessários não o amam por quem você é, mas estão ao seu lado por conta daquilo que você representa. Veja o caso dos doze amigos necessários de Jesus, a quem conhecemos como os doze apóstolos. Aqueles homens estavam o tempo todo preocupados com o cumprimento das promessas feitas, com quem iria assentar no trono com Jesus quando ele reinasse etc.

O coração deles não era de Jesus, mas das coisas que Ele representa. E Ele representa o reinado eterno. Ainda assim, eram amigos. E o Mestre precisou deles. Cada um cumpriu uma função importante na trajetória da cristandade.

Durante as pesquisas que realizei para escrever este livro, entrevistei um dos grandes bilionários do Brasil. Sua família já esteve no *ranking* da revista *Forbes*, e ele foi considerado, há poucos anos, o melhor CEO do Brasil. Nas quase três horas que passamos juntos, aprendi muita coisa, mas algo em especial chamou minha atenção. Foi quando ele disse uma frase que me fez entender a esfera dos amigos necessários.

É MELHOR SE TORNAR AMIGO DAS PESSOAS COM QUEM VOCÊ TRABALHA, DO QUE TENTAR TRABALHAR COM AS PESSOAS DE QUEM VOCÊ É AMIGO.

Uau! Isso fez muito sentido para mim.

Nem todos vão ser amigos íntimos, mas sem os amigos necessários, qual é a graça da vida?

Necessitamos de gente para ser feliz, precisamos de pessoas para compartilhar o dia a dia. Necessitamos de amigos de trabalho. Precisamos de clientes fiéis. Necessitamos de gente que nos faça rir.

NOSSA TENDÊNCIA É MISTURAR AS COISAS, E É ISSO QUE SEMPRE DÁ ERRADO. CONTINUE RINDO, MAS NÃO CONTE SEUS SONHOS; ABRACE, MAS NÃO REVELE SEU CORAÇÃO; COMPARTILHE A MESA, MAS NÃO CONFIDENCIE QUAIS SERÃO OS SEUS PRÓXIMOS PASSOS.

Queremos fazer negócios com amigos íntimos só porque confiamos neles. Por outro lado, queremos contar segredos para amigos necessários. Com esse tipo de confusão de esferas, nós mesmos causamos os embaraços da nossa vida, pois falta maturidade para separar assuntos e pessoas em suas devidas áreas.

É muito importante ter essa categoria de amigos.

Tenho vários amigos de infância. Em sua maioria, não são meus amigos íntimos. Não ligo para eles quando estou angustiado ou quando estou prestes a fechar um megacontrato profissional. Porém, eles são essenciais em minha vida, são necessários para o meu bem-estar. É tudo muito bom quando nos reunimos para relembrar a infância e ficamos horas rindo das besteiras que fazíamos.

Ou seja, os amigos necessários são vitais para a nossa caminhada nesta terra.

Nosso coração nos engana e nos faz acreditar que se uma pessoa não é amiga íntima e 100% confiável, então não é minha amiga. No mundo real não é assim. Temos que manter pessoas por perto. São os amigos necessários que enchem sua festa de aniversário, que comparecem ao churrasco do fim de semana e mantêm sua vida social ativa. Você não pode falar tudo para eles, mas, sim, eles são essenciais em sua vida.

Você sabe quem foi André?

Tendo sido seguidor de João Batista, André foi um dos primeiros discípulos de Jesus. Assim que conheceu o Homem de Nazaré, seus olhos se fixaram no Mestre de tal modo que ele não mais podia deixá-lo.

André foi um grande ponto de conexão de pessoas com o ministério de Jesus. O próprio Pedro, seu irmão, que viria a ser o patriarca da Igreja, foi apresentado a Cristo por intermédio de André. Apesar de realmente ser amigo do Mestre, André nunca chegou a pertencer ao círculo íntimo de amizades de Jesus.

Amizades que dão certo exigem MATURIDADE. Imagine se André ficasse murmurando pelos cantos: "Eu cheguei primeiro, apresentei as pessoas para Jesus e agora ele fica de segredinho com Pedro. Fui usado... Esses caras são todos iguais...".

Sem equilíbrio emocional e sabedoria, jamais manteremos amizades verdadeiras, em qualquer uma das três esferas.

PESSOAS SÃO ASSIM

Em certo trecho de *A lista de Schindler* – um belo filme sobre um nobre homem que salvou a vida de muitos judeus durante a Segunda Guerra Mundial –, algo foi roubado e diversos prisioneiros judeus são questionados sobre quem seria o suposto ladrão.

Como ninguém responde aos questionamentos do capitão, um dos homens é retirado da fila e morto na frente dos demais. A tragédia se repetiria até que o ladrão se entregasse ou fosse entregue.

O capitão pergunta mais uma vez quem é o ladrão e aponta a arma para outro homem do grupo. Antes que mais alguém fosse executado, um garotinho dá um passo à frente:

– Foi você? – indaga o oficial.

Trêmulo e de cabeça baixa, o menino apenas aponta para o homem morto no chão indicando que aquele seria o ladrão.

É claro que aquele menininho foi brilhante e salvou muita gente com aquele rápido raciocínio de incriminar quem já estava caído. Mas, olhando por outro lado, aprendemos que a culpa geralmente é jogada em quem não pode se defender. Pessoas são assim... Apenas aprenda com isso!

Meu vizinho necessário

Vejam isto. Meu vizinho aqui da rua é meu amigo, muito necessário. Nós nos amamos, a gente se diverte, ele cuida do meu jardim quando estou fora, em alguma viagem, e eu retribuo de outras formas. Certa vez, por exemplo, consegui ingressos VIP para ele ver o Orlando Magic jogar.

Esse toma-lá-dá-cá faz parte do mundo real. No mundo ideal, as pessoas ajudariam umas às outras sem esperar nada em troca. No mundo real, ficamos decepcionados se levamos um presente no aniversário do vizinho, mas ele não traz nenhum no nosso. Estou certo?

De vez em quando, reunimos as famílias para cozinharmos juntos. As esposas ficam conversando na sala e a gente fica com a melhor parte: a churrasqueira. Por que um amigo que entra na minha casa e tem liberdade com a minha família ainda não é considerado um amigo íntimo?

O que separa o amigo necessário do amigo íntimo é o que eu chamo de "dia mau". Somente nessa fase da vida um amigo necessário tem a chance de migrar de categoria.

Definindo o dia mau

Dia mau é aquele em que você recebe a pior notícia da vida. É quando você passa em uma consulta médica e recebe o pior diagnóstico; ou quando você percebe que a sua empresa quebrou. É quando tudo pelo que você lutou a vida toda para construir de repente se perde. Nesse dia, o dia de angústia, de desespero, reserve um pouco das suas forças para notar quem ficou do seu lado.

Enquanto não estou convencido de que meu vizinho é um amigo íntimo, ele continua sendo meu amigo, só que não entrego todas as informações da minha vida, como sonhos e segredos. É preciso ter sabedoria para respeitar as esferas. É preciso ter maturidade para não falar demais ou esperar algo da parte de quem não pode me dar.

Eu também faço alguns testes. Veja um exemplo: escolho uma história, um segredo para contar ao amigo necessário. É uma coisa privada, mas não muito delicada, e algo a que somente ele teria acesso. Caso vaze por aí, a informação não me afetaria em nada, é isso que compartilho com ele. Se o que falamos em privado vier a público, já sei que o lugar dele é entre os amigos necessários. Caso esse assunto fique somente entre nós, entendo que posso avançar para a esfera da intimidade com ele. Já fiz esses testes algumas vezes e posso garantir que dá certo!

As esferas de amizade não são posições definitivas. É possível migrar para outra esfera, seja positiva ou negativamente. Mantenha em mente o conselho que já mencionei:

EM TODO TEMPO AMA O AMIGO,
E NA ANGÚSTIA SE FAZ O IRMÃO.[5]

Os íntimos

Essa é a classe de amigos cujo número você sempre contará nos dedos de uma mão. Nem todos têm amor e sabedoria suficientes para serem íntimos de outros.

É necessário amor para relevar os erros que os amigos cometem e sabedoria para guardar os segredos e aconselhar nos dias difíceis. Amor e sabedoria são características dos candidatos a amigos íntimos.

Ter um círculo íntimo não é privilégio, é questão de sobrevivência. Precisamos ter alguém para quem ligar e desabafar, chorar no ombro, contar segredos e sonhar juntos. É uma necessidade. Se isso for reprimido, há sérias consequências emocionais e sociais.

Os íntimos não se impressionam com seus resultados, mas com o seu caráter. Íntimos gostam mais de ouvir do que de falar. Eles não se importam em ser "paparicados" por você, pois valorizam mais a presença do que presentes.

Agora grave isto, e desculpe se estou sendo repetitivo, mas "é na angústia que um amigo se transforma em irmão". Ou seja, geralmente, os íntimos são os que ficaram depois da sua batalha mais difícil.

Entendeu?

Você sabe quem foi João?

O mais jovem dos discípulos também foi o mais próximo de Jesus. Ele foi o único dos Doze que ficou com o Mestre até o fim de sua entrega. Ao pé da cruz estavam Maria, algumas outras mulheres e João.

Quem era o mais amoroso entre os apóstolos e discípulos de Cristo? João.

Quem escutou o maior número de segredos de Jesus? João.

---

5 Provérbios 17:17.

Os mistérios do Apocalipse, o fim dos tempos, foram confiados a ele.

E o que falar de Lázaro, amigo pelo qual Jesus chorou?

Existem pessoas que entram na sua vida e ganham o seu coração. É por essas pessoas que você deve chorar, não pelas que o ferem. Doe seus pensamentos e seu tempo para quem faz bem a você, não para quem é assaltante da sua paz, sequestrador de suas alegrias.

João era íntimo o suficiente para reclinar a cabeça no peito de Jesus e lhe fazer uma pergunta indiscreta sobre o homem que trairia o Senhor: "Mestre, quem é?".[6]

Quando Jesus enfrentava sua batalha mais difícil, a cruz, adivinha quem era o único entre os "amigos" que ainda estava lá? João.

Mas, Tiago, meus amigos vão errar comigo?

Há 100% de certeza que sim!

Alinhe suas expectativas quanto a isso para não sofrer muita decepção. Amigos não são perfeitos, são seres humanos e tendem a errar.

Vejamos alguns exemplos milenares. Historicamente, Deus sempre será a sua ÚNICA e verdadeira confiança.[7] Não se deve confiar cegamente em ninguém, por mais que fiquemos tentados a fazer isso.

"Assim diz o Senhor: Maldito o homem que confia no homem, faz da carne mortal o seu braço e aparta o seu coração do Senhor!"[8] A mim parece que, além de confiar apenas no ser humano, o agrave desse versículo é: "aparta o seu coração do Senhor".

Um princípio das relações humanas que aprendi nesta vida é: a paz vem de Deus! Então, se você não está bem com Deus, não fica bem com ninguém, porque nunca tem paz.

Então, vamos lá:

- Se você vive brigando com Deus, como estará em paz com as pessoas?
- Se você não entende o perdão e o amor de Deus por você, como amará ou perdoará as pessoas?

---

6 João 13:25.

7 Salmos 41:9

8 Jeremias 17:5

"Suportai-vos uns aos outros, perdoai-vos mutuamente, caso alguém tenha motivo de queixa contra outrem; assim como o Senhor vos perdoou, assim também perdoai vós."[9]

Como e por que desfazer uma amizade?

O silêncio revela quem são as pessoas.

Certa vez, decidi ficar em silêncio com três amigos bem próximos, que estavam, em teoria, na esfera da intimidade. Nesse período, entendi que conhecer o coração de quem se diz amigo íntimo é essencial para a vida correr bem.

Acredito muito que Deus fala com o ser humano. Eu mesmo já escutei essa voz inexplicavelmente doce. Todavia, Ele também fala por meio de sinais, sonhos, sentimentos no coração, usando outras pessoas e por uma infinidade de maneiras.

Um dia, eu experimentei um sentimento forte no coração. A ideia veio a mim forte e pronta: fazer silêncio com três amigos do meu círculo íntimo.

Durante quatro meses, eu os cumprimentei normalmente e respondia às mensagens deles por WhatsApp imediatamente. Eu só não brincava e não fazia o estardalhaço de antes. Os três tinham o mesmo nível de amizade, intimidade e proximidade comigo. Cada um, porém, reagiu de forma diferente ao meu "silêncio forçado".

O primeiro, que chamarei de amigo A, ficou inerte. Sem reação. Não me procurou, não perguntou nada para mim, mas rodeava amigos em comum e perguntava: "Tiago está bem? Ele está falando contigo normalmente?".

O segundo, o amigo B, se afastou totalmente de mim e começou a fofocar e falar mal. "É... Tiago é um orgulhoso... deve estar todo enrolado... Tiago é um falso... Tiago abandona quem começou com ele... Tiago está perdidinho... não sabe o que quer". Publicamente ele me atacava.

---

9 Colossenses 3:13.

O terceiro, o amigo C, diferentemente dos demais, buscou se aproximar ainda mais. Quanto mais eu silenciava, mais ele me ligava, propunha programas entre nossas famílias e encontros rápidos de aeroporto (já que ambos viajávamos muito).

Repare que as emoções, como sempre, guiam as nossas atitudes e escolhas. Logo, as emoções definem o nosso destino, pois nosso futuro é o resultado de nossas decisões.

Quando o tempo de silêncio acabou, chamei os três para conversar.

O meu amigo A, que ficou inerte, eu repreendi dizendo: "Você poderia ter me ligado em vez de ficar perguntando sobre mim para os outros. Somos amigos, poxa!". Seguimos a amizade tranquilamente depois desse alerta.

Ao amigo B, que me atacou, desejei o melhor, sorte em tudo, mas encerrei a amizade. Afinal de contas, à minha mesa eu posso – e devo – escolher quem se senta. Reparem, não há ressentimento nem falta de educação. Se eu o encontro, cumprimento e sorrio. Não falo mal dele, nem mesmo quando alguém tenta provocar. Só o transferi da posição de amigo íntimo para a de *pessoa contornável* (ver Capítulo 3).

Já o terceiro, C, deixou de ser meu amigo e hoje é meu irmão.

Tudo nesta vida depende de pessoas e a sua felicidade residirá em ter sabedoria para lidar com elas.

Teoria das associações

O amigo do meu amigo é meu amigo.
O amigo do meu inimigo é meu inimigo.
O inimigo do meu inimigo é meu amigo.
Provérbio árabe

Algumas pessoas discordam do provérbio árabe que acabo de citar. Contudo, se você refletir sobre o que assunto deste capítulo, entenderá que atualmente ele é verdadeiro no mundo real. Assim, não seja ingênuo, o mundo de hoje atropela quem se faz de inocente.

Quando você se associa a alguém, postando uma foto com essa pessoa por exemplo, você está tomando partido, assumindo uma posição (ainda que de maneira inconsciente). Os amigos dessa pessoa, colateralmente, começam a gostar de você e, da mesma forma, apesar de você não ser "culpado de nada", os inimigos também começarão a odiar você.

E nem tente se desculpar com frases como: "Ah, mas eu não sabia" ou "Ah, mas eu não tenho nada a ver com isso" não surtirão efeito para os inimigos.

Certo ou errado, não se trata do que você acha, é a realidade da vida. Relacionamentos e emoções funcionam assim, exatamente como o provérbio árabe.

No mundo ideal, esse pensamento seria diferente. No mundo ideal, nós amaríamos uns aos outros, conforme as instruções de Jesus e jamais julgaríamos alguém para não sermos julgados também. Contudo, o mundo real é diferente do ideal. Estamos em busca contínua de um mundo melhor para todos, mas, enquanto ele não se torna real, temos de sobreviver a este.

Lembro-me de que, nas eleições presidenciais brasileiras de 2018 – que foram tomadas por emoções intensas de ódio –, eu postei uma foto da bandeira do Brasil em meu Instagram com a legenda: "Brasil, olha pra cima! Existe uma chance de ser novamente feliz". A citação é parte da música "Brasil, olha pra cima", do cantor e compositor João Alexandre.

Adivinhem o que aconteceu?

Os *haters* associaram a bandeira do Brasil com um candidato polêmico que usava muito as cores da bandeira em seu lema e começaram uma série de ataques em minhas redes sociais. Nunca vi tanto ódio de perto. A única coisa que fiz foi postar uma imagem da bandeira do meu país.

É assim que funciona a teoria da associação. Muitos deixaram de me seguir porque entenderam que eu estava assumindo um lado político. E eu não estava. Por outro lado, muitos começaram a me parabenizar e a repostar.

Em relação a isso, não adianta eu me fazer de coitado!

Apenas precisei aprender a lição de ser mais intencional nas minhas associações, nas fotos que tiro, nas postagens que faço, nos almoços e nas festas a que vou. Tudo é associação, entende?

É claro que é preciso assumir riscos quando se trata de um amigo, seja qual for a esfera de amizade em que ele estiver. Tenho um amigo no meu círculo íntimo que é uma pessoa pública e polêmica. Por mais que evitemos fotos juntos, muitos sabem que somos amigos irmãos.

A questão da associação com esse amigo fica evidente quando digo que alguns eventos em que eu seria o palestrante principal subitamente são desmarcados quando o organizador (que não gosta desse meu amigo) descobre que essa figura polêmica pertence ao meu círculo íntimo.

Nunca fiquei chateado por causa da EMPATIA. A capacidade de se colocar no lugar do outro e tentar enxergar pela óptica dele nos torna mais passíveis de acolher melhor o sentimento alheio.

Eu também já me afastei de pessoas que provavelmente eram boas, mas eram perseguidoras ou viviam em embates com algum amigo meu.

Sentir o que o outro sente nos torna humanos e maduros. Sendo assim, quero deixar uma ferramenta de empatia para você. Escreva na coluna da esquerda três situações em que alguém errou com você. Você pode escolher desde pequenas coisas até uma ferida profunda. Descreva o erro da pessoa e quem o cometeu.

Depois disso, preencha na coluna da direita três situações em que você errou com alguém. Mencione o erro e com quem você errou.

Talvez, ao concluir esse exercício, você tenha percebido que também já errou exatamente nas mesmas coisas que alguém errou com você.

Observe agora mais alguns exemplos de associações que fazemos:

Quando você tira uma foto com a camisa de um time esportivo e posta em suas redes sociais, quem torce para outra equipe já não simpatiza tanto com você, sobretudo se for torcedor do principal rival.

Muitas pessoas já foram feridas por alguém ou por uma instituição. Quando você se associa ao agressor, aquele que foi ferido imediatamente enxerga você como vilão.

Se a minha equipe posta um vídeo no Instagram no qual estou pregando em uma igreja, tenho muitas visualizações. Quando posto um vídeo, mesmo que seja com o mesmo conteúdo, porém em um ambiente neutro, como um teatro ou um centro de convenções, as visualizações são três ou quatro vezes maiores!

Por que isso acontece? Porque há muitas pessoas que foram feridas pela igreja. Outras nunca fizeram parte de uma comunidade, mas se escandalizaram pelo que viram na TV ou pelo testemunho que ouviram de alguém. Então, quando minha imagem está associada à igreja, eles deixam de assistir.

É simples assim!

Jogadores de futebol que são vistos em festas toda semana são associados a mulherada, bebida e farra. Outros, como nunca são flagrados nessa situação, mantêm publicamente a imagem de mocinhos.

Os lugares que você frequenta são associações!

Hoje, com o avanço das mídias sociais, está em alta fazer uma *live* no Instagram, YouTube ou Facebook com um convidado influente. A ideia é a associação de imagens. Assim, os seguidores de um conhecem o outro e vice-versa.

Essa teoria vale para o negativo e para o positivo.

Muita gente ganhou respeito no mundo dos negócios por causa das associações de imagem. Afinal, se aquele CEO exemplar postou uma foto com fulano de tal, ele deve ser boa pessoa, deve ser bom no que faz. Assim funciona o pensamento coletivo.

Você sabe quem foi José de Arimateia?

Jesus tinha discípulos e amigos de todas as formas. Tinha inclusive aqueles que faziam o estilo admirador secreto. José de Arimateia foi um destes, um discípulo secreto de Jesus. Ele não era dos mais próximos, pois temia ser visto em público com o Nazareno, tinha medo de associar as imagens.

Mas quando o Mestre morreu, José tinha influência e amor suficientes para dar algo de que Jesus precisava. Ele não era um amigo íntimo, mas foi estratégico na vida de Cristo e, inclusive, entrou para a história pelo que fez. José era um homem rico que foi até Pilatos para pedir o corpo de Jesus, a fim de dar-lhe um funeral digno em um túmulo novo que havia mandado cavar na rocha. Parece algo simples demais, mas foi desse túmulo que Jesus ressuscitou três dias depois.

Agora, reparem, tem gente que é seu amigo mesmo, mas ainda não pode associar-se publicamente a você pois não está disposto a assumir um lado. Isso não quer dizer que ele seja um falso. Mas pessoas levam tempo para calcular os prejuízos de associar sua imagem a quem lhe faria perder algo no mundo real.

Então, para que você reflita, deixo algumas perguntas:

- Você está associado a quê e a quem (consciente ou inconscientemente)?
- O que anda postando nas redes sociais?

Essa teoria é real e, hoje, por suas associações de imagem, você pode ter assumido algum lado e talvez nem saiba que o escolheu.

Perguntas e respostas

Separei duas das centenas de perguntas que chegaram para mim no curso "Seja um Especialista em Pessoas". Milhares de pessoas participaram das aulas on-line e eu gostaria de compartilhar estas respostas que podem nos ajudar a refletir sobre temas muito importantes:

1. *Existe uma maneira de um amigo íntimo se tornar estratégico? Tive uma amizade de muitos anos com uma pessoa, mas, quando passei por um momento crítico, ela não teve sabedoria nem amor em relação a mim, me abandonou e me traiu. Devo mantê-la no meu círculo como amiga estratégica ou não ter vínculo?*

Sim, uma pessoa pode avançar ou retroceder entre as três esferas, ou até mesmo ser expulsa das esferas. Perceba que as pessoas das esferas da amizade são escolhidas para terem algum nível de convivência e confiança. Esse nível é determinado justamente ao considerarmos em qual esfera exatamente a pessoa está. Sobre manter uma pessoa como estratégica ou retirá-la das esferas, tudo depende do momento e das circunstâncias de vida que você e cada amigo vive.

2. *Tiago, eu fui muito enganado pelas pessoas, sofri muito* bullying *desde que me conheço por gente. Não consigo acreditar nem mesmo no que você disse sobre as três esferas de amizade. Cheguei ao ponto de me afastar das pessoas, prefiro ficar sozinho, mas isso não está me fazendo bem. O que eu preciso fazer para ter amigos (íntimos) de verdade, depois necessários e estratégicos? Só mais uma coisa: na última aula você falou sobre casamento, como faço para saber se uma mulher está realmente gostando de mim como pessoa ou simplesmente do que eu tenho ou poderei oferecer a ela? Eu desejo uma mulher que me ame de verdade pelo que sou, não pelo que tenho a oferecer.*

Não desista das pessoas! Várias feriram você, mas várias outras podem contribuir para a sua cura. Descubra como lidar com cada tipo de pessoa, assim você terá relações felizes e se sentirá muito mais realizado. Dê uma chance! Do contrário, estará condenado à infelicidade até o último dia.

"É LOUCURA ODIAR TODAS AS ROSAS
PORQUE UMA TE ESPETOU."
ANTOINE DE SAINT-EXUPÉRY, *O PEQUENO PRÍNCIPE*

Conclusão

No mundo ideal, não existiriam as três esferas de amizade, simplesmente porque todos seríamos saudavelmente amigos. Contudo, no mundo real, as esferas são necessárias para proteger você e blindá-lo emocionalmente.

Com o amigo estratégico, apesar de este ser querido, você tem um relacionamento com fins profissionais ou de aumento de *networking*.

O amigo necessário é aquele que faz falta emocionalmente. Você precisa dele para ser uma pessoa melhor, seja emocional ou espiritualmente, essa figura é necessária em sua vida. Seja um vizinho para chamar e comer um churrasquinho aos domingos, um parente para dividir uma pizza às sextas-feiras ou um amigo de longa data para ir ao cinema aos sábados, precisamos de pessoas.

O amigo íntimo é confidente, se preocupa com você e sonha contigo. Independentemente do que você representa, ele ama você e não o que você tem.

Está pronto para continuarmos?

Muito conhecimento nos espera pela frente... Vamos juntos!

> **"Invista nas pessoas.**
> **Só não espere nada delas."**

CAPÍTULO 2

Teoria dos incontornáveis

Pessoas são descartáveis,
a não ser que você queira ser feliz.

No mundo real, há pessoas que atravessam o nosso caminho e mais se parecem com pedras do que com seres humanos. Como lidar com elas?

Como você já pôde perceber ao longo do Capítulo 1, para se tornar um especialista em pessoas, você precisa reconhecer quem são os seus amigos e qual o grau de confiança e intimidade que você deve desenvolver em cada esfera de amizade.

Neste capítulo, vou apresentar a você as pedras, e nossa teoria se baseia no fato de que não há apenas um tipo, mas sim de que são vários os tamanhos e as espécies de pedras. Conforme o tipo, o formato, o peso, o lugar onde estão, deve haver, portanto, uma estratégia específica para lidar com elas.

Ao contrário das amizades e associações que você estabelece a partir do seu poder de escolha, como apresentei no Capítulo 1, há pessoas com quem você terá de conviver, mesmo que não queira. Por esse motivo, damos a eles o nome de **incontornáveis** (seus pais ou primos e tias, por exemplo).

Posso imaginar o seu rosto se lembrando de uma lista de pessoas neste momento! Sim, são realmente pedras, algumas delas tão grandes que nem mesmo podem ser chamadas de pedra no sapato. Já aproveito para tranquilizar você: no próximo capítulo, mostrarei que há pessoas das quais você poderá se desviar na convivência, são os **contornáveis**.

Retomando a nossa analogia, as pedras de que falaremos neste capítulo não podem ser ignoradas porque representam, de alguma forma, um significado estrutural na nossa vida que não conseguimos anular ou modificar.

Um exemplo clássico dessa categoria de pessoas difíceis são os familiares: irmãos e cunhados, pais, avós, sogros, tios, primos, entre outros. Pessoas que fazem parte do seu ambiente de trabalho também podem ser incluídas nesse grupo. Perceba: você não escolhe quem será sua mãe, seu pai, seu irmão ou seu chefe etc. e a natureza dessas relações não muda a partir de seu poder de escolha.

A partir dessa explicação, você certamente deve ter identificado uma pessoa um pouco mais difícil que poderia se encaixar na sua lista de incontornáveis e talvez algum ressentimento brote no seu peito neste momento. Então que tal listar abaixo quem são os incontornáveis difíceis com os quais você tem tido que lidar?

QUEM SÃO OS INCONTORNÁVEIS COM OS QUAIS EU PRECISO APRENDER A LIDAR MELHOR?

Olhar para essa lista não é fácil. Contudo, lembre-se de que nos propusemos a encontrar estratégias e soluções nos ensinamentos milenares; então, acho importante lembrar alguns exemplos emblemáticos sobre o assunto, para que possamos digerir melhor essa questão.

José do Egito foi traído e vendido por seus **irmãos** de sangue. Você acredita que isso doeu? Certamente! Ainda assim, ele não remoeu essa traição, não se vingou e tornou-se o governador do país mais importante do mundo antigo. José alimentou as pessoas que o venderam e proporcionou a elas regalo para uma vida boa.[10] Por quê? Porque José tinha foco em ser feliz e em cumprir o destino reservado para ele nesta terra. Será que, no lugar dele, você teria feito o mesmo?

Outro exemplo é o de Davi, que se tornou rei de Israel. Ele foi zombado no *front* de batalha contra Golias, o gigante filisteu, por seus **irmãos** de sangue.[11] Depois disso, foi perseguido e sofreu algumas tentativas de assassinato por parte de seu **sogro**.[12] Você acha que isso é tranquilo de se resolver? Eu mal posso imaginar o tamanho do sofrimento! Ainda assim, ele deixou sua dor de lado e se tornou o maior líder da nação. E você? Como teria reagido no lugar de Davi?

Temos também Noé, o homem conhecido por salvar a humanidade do Dilúvio com sua arca. Ele foi exposto por seu **próprio filho**[13] quando estava bêbado e nu. Como esquecer uma humilhação desse tipo?

E Jacó, que teve de fugir para não ser morto por seu **irmão** Esaú? A confusão familiar começou quando Jacó "comprou" o direito de primogenitura do irmão mais velho com um prato de comida. Para selar essa "compra clandestina", que somente seria oficializada com a bênção do pai, Jacó se disfarçou de Esaú. Como Esaú era peludo, Jacó colocou pele de animal nos braços para assim enganar Isaque, que já estava velho e cego.[14] Vocês podem imaginar o problema que isso

---

10 A história do ódio dos irmãos de José começa com um sonho. José sonhou, simbolicamente, que seus irmãos se curvariam diante dele. Toda a trajetória de José desde então até a reconciliação com os irmãos pode ser lida em Gênesis 37:5 a 45:28.

11 A história de Davi e Golias está registrada em 1Samuel 17.

12 Saul, rei de Israel, oferece sua filha em matrimônio ao jovem Davi, já com a intenção de matá-lo. O convite de Saul para ser sogro do rei e a trajetória de Davi em fuga estão relatados em 1Samuel 18:17 a 31:7.

13 O trecho em que o filho denuncia a nudez de Noé bêbado está registrado em Gênesis 9:20-29.

14 Esaú vende sua primogenitura em Gênesis 25:27-34. Jacó se passa pelo irmão e tem de fugir em Gênesis 27:1-5.

trouxe? Acredite se puder, anos depois eles voltaram a ser amigos.[15] Que situação desagradável para a família!

Jacó também teve outros problemas familiares. A vida dele foi bastante complexa! Ele foi enganado pelo **sogro** no acordo de casamento e teve que trabalhar por catorze anos para poder se casar com Raquel.[16]

Já Noemi foi abandonada por uma de suas noras, Orfa, no momento em que mais precisava de companhia, após a morte de seus dois filhos.[17]

Repito: e você? Como teria reagido em cada uma dessas situações? Eu convido você a refletir sobre quais estratégias tem adotado (às vezes até inconscientemente) no trato com os incontornáveis difíceis da sua vida. Você os tem ignorado? Você tem buscado o confronto? E agora, o principal: quais resultados você tem obtido com essas estratégias? Elas tem trazido paz e conforto para você conseguir lidar com os problemas da melhor forma possível?

Quais estratégias uso para lidar com os incontornáveis da minha vida?	Quais resultados isso me traz? Estou tendo sucesso? Preciso aprimorar ou encontrar uma estratégia mais eficaz e pacífica?

A primeira coisa que eu preciso que você entenda é: não há milagre neste caso e ninguém se transforma da noite para o dia. **O primeiro passo para aprender a se blindar emocionalmente nas**

---

15 Jacó e Esaú fazem as pazes em Gênesis 33:1-17.

16 Jacó é enganado pelo sogro e precisa trabalhar o total de catorze anos para se casar com Raquel em Gênesis 29:15-30.

17 A morte dos filhos de Noemi e a despedida de Orfa estão registradas em Rute 1:1-14.

relações com essas pessoas é justamente a aceitação de que se trata de incontornáveis.

Como já mencionei, não dá para simplesmente ignorá-los (entenda-se: fingir que não existem). É preciso encarar sua existência e o papel de incontornabilidade que exercem na sua vida. Eu sei que não é fácil, mas vencer a fase da negação é o primeiro passo para chegar à superação.

Contudo, desde já, saiba que no último capítulo vou ensinar ferramentas para lidar com todo tipo de gente!

E o confronto direto? É uma boa opção?

"A ÚNICA MANEIRA DE GANHAR UMA DISCUSSÃO É EVITANDO-A."
DALE CARNEGIE

Se não houver espaço nem maturidade para um diálogo construtivo e franco, sinto informar: não vale a pena tentar por ora. Desistir nunca, postergar talvez.

Já dizia o ditado: "de que adianta esmurrar ponta de faca?" Você apenas vai se machucar mais. Não há quem entre em uma briga familiar e saia ganhando. Você pode até sair com a razão, mas perde muito emocionalmente.

Permita-me contar-lhe uma história que se passou na cidade de São Paulo.

Doralice, nome que usaremos para preservar a verdadeira identidade de nossa personagem, era uma jovem feliz e saudável. Sempre muito envolvida com a causa social e com o trabalho na igreja. Aos 21 anos, sonhava em ser pedagoga, casar e ter três filhos.

Dora fazia um curso de inglês às quintas-feiras, em uma escola de idiomas próximo ao centro da cidade. Apesar de não ser muito antenada, ela começou a se dar conta de que, sempre que saía do curso, um homem a observava bem em frente à escola. Ela começou a ficar assustada e, na terceira semana em que o homem apareceu por lá, apesar de nunca ter feito nada e nem sequer falado com ela, a jovem resolveu chamar a polícia.

Foi nesse dia, na delegacia, que ela descobriu que o homem que a observava era o seu pai biológico. Dora cresceu achando que era filha de Armando, um homem dedicado e carinhoso. Para completar, Armando também não tinha ideia disso.

Toda a família foi surpreendida com a notícia quando a mãe, dona Gisele, confessou o caso que tivera anos antes enquanto já era casada. Ela preferiu fingir que a filha era de Armando.

Caros leitores, não há segredo que fique oculto muito tempo! Para a escuridão se dissipar, basta um pouco de luz.

A família ficou em choque, dona Gisele chorava pedindo perdão e gritando com o ex-amante: "Por quê? Por quê? O que você veio fazer aqui, depois de tantos anos?". O homem apenas respondeu: "Estou ficando velho e não queria partir sem conhecer a minha filha".

A conexão com os incontornáveis é emocionalmente inquebrável (ainda que seja negativa). Mais cedo ou mais tarde você sentirá a necessidade de ser aceito.

Ao ser entrevistada por uma rede de TV, Doralice respondeu à pergunta do repórter se iria perdoar a mãe: "E existe outra forma de ser feliz? Vou ficar um tempo sozinha e deixar o tempo curar essa dor".

QUANDO O ASSUNTO É CONFLITO FAMILIAR,
O TEMPO É UM ANALGÉSICO PARA AS DORES.

Se não é possível resolver agora, apenas cale-se, ore e espere. Procure desenvolver seu domínio próprio e envolver-se emocionalmente o mínimo possível, buscando manter certa distância e preservar-se na medida do que for viável.

Na vida há dois caminhos: o da felicidade e o da amargura. Não existe terceira opção!

FELICIDADE E AMARGURA ESTÃO NO MESMO CAMINHO,
MAS LEVAM A DESTINOS DIFERENTES.

E a maneira como você reage lidando com um incontornável leva, inevitavelmente, a uma ou a outra alternativa.

O Natal chega e aquele cunhado irritante está lá. Você não o escolheu como parente, você não atura ficar nem cinco minutos perto dele, mas... lá estão vocês, no mesmo ambiente. E isso acontece porque ele é um incontornável. Ele pode ser uma pedra, pode estar no seu caminho, mas não dá para contorná-lo e seguir em frente: seu cunhado está ali e você precisa lidar com isso.

Seu pai pode ter abandonado a família quando você era criança, sua mãe talvez seja fria e implicante, sua irmã pode ter batido a porta na sua cara, mas todos eles continuarão sendo quem são, biológica e emocionalmente falando.

Seu chefe pode ser a pessoa mais grosseira do universo, mas, a não ser que você se demita, não há muito o que fazer. Todos os dias de sua vida, você vai se submeter a essa convivência. Lutar contra isso apenas atrasará a sua felicidade.

"Ah, Tiago, você diz isso porque não tem ideia do que eu passo!" Bem, faz treze anos que atendo pessoas. Não ouso afirmar que já vi de tudo, mas já presenciei muitas coisas e, humildemente, acho pouco provável que a sua história seja totalmente diferente de uma das milhares que já ouvi. Veja o que diz Bráulio Bessa, em "Sendo eu aprendiz":

O meu ou o seu caminho
Não são muito diferentes
Tem espinho, pedra, buraco
Pra mode atrasar a gente

Por favor, entenda: minha intenção não é desvalorizar a sua história, muito pelo contrário! Eu tenho muito respeito por todas as dores e experiências de cada uma das pessoas que está lendo estas palavras. Na verdade, a ideia é ajudar você a ganhar perspectiva: se muitas pessoas, dentro das limitações que tinham, já superaram dores e situações difíceis semelhantes, é plenamente possível que você, dentro de suas próprias limitações, consiga reagir com sucesso a qualquer situação que aconteça na sua vida.

"EU NÃO SOU O QUE ME ACONTECEU;
EU SOU O QUE ESCOLHO ME TORNAR."

CARL JUNG

Você não pode escolher as dores que são infligidas à sua vida, mas você pode decidir como vai reagir a elas! Não pode controlar como os incontornáveis vão procurar atingir você, mas pode aprender a lidar com cada tipo de situação de maneira inteligente, serena e sábia.

Especificamente sobre os familiares, há uma dica infalível para quem tem apreço pelo pensamento cristão:

ORA, SE ALGUÉM NÃO TEM CUIDADO DOS SEUS E ESPECIALMENTE DOS DA PRÓPRIA CASA, TEM NEGADO A FÉ E É PIOR DO QUE O DESCRENTE.[18]

Perceba que, conforme a teoria, são incontornáveis todos os familiares difíceis. Aqueles agradáveis, escolhidos para se relacionar de maneira positiva, pertencem às três esferas da amizade.

Por que você acha que José do Egito perdoou seus irmãos quando estava por cima, quando era o "cara" mais poderoso do momento? Porque não se tratava de ter razão, ou de vingança, nem mesmo de concordar com o que eles fizeram, tratava-se de não estragar tudo, de não piorar a vida, de não perder a chance de ser completo. Trata-se, sim, de retomar a conexão!

A palavra-chave para o relacionamento com os incontornáveis a partir de agora realmente é **perdão**.

O perdão não valida o erro cometido contra você, mas é capaz de libertá-lo da dor de viver em função do que sofreu. Perdão não é aceitar como justificável o erro da pessoa, mas tirar de suas costas a bagagem pesada do ressentimento. Perdoar é libertar a si mesmo da dor que o outro proporcionou, recusando-se a beber do veneno da ofensa.

Então, pergunto: você está disposto? Ninguém pode fazer isso por você.

O perdão é um desafio diário, como tantos outros que você enfrenta nesta vida. É uma habilidade desenvolvida com esforço a partir de uma decisão. Não se trata de uma mágica que acontece da noite para o dia, mas é a melhor maneira de resolver problemas com

---

18 1Timóteo 5:8.

incontornáveis. O recurso do perdão é importante demais para ser deixado de lado.

NINGUÉM QUER LIDAR COM A DOR,
MAS SE A AGULHA COM REMÉDIO NÃO
FERIR O BRAÇO, A CURA NÃO CHEGA.

PESSOAS SÃO ASSIM

O filme *Extraordinário*, baseado no livro homônimo de R. J. Palácio, conta a história de Auggie, um garoto de 10 anos que nasceu com uma deformidade facial muito rara e passou por 27 cirurgias para poder respirar e enxergar. Ele passou a infância estudando em casa e, quando saía, estava sempre vestido de astronauta, inclusive com um capacete.

Ao chegar à quinta série, os pais decidem que é o momento de ele começar a frequentar a escola, e isso muda tudo. Auggie tem muitos desafios a enfrentar. A fantástica história do menino é permeada de alguns incontornáveis: colegas de classe que fazem *bullying* e até mesmo a irmã, que se sentia negligenciada pelo fato de toda a família viver em função de Auggie.

Extraordinário nos mostra o poder do perdão exercido na vida de Auggie, quando ele consegue afirmar a seus incontornáveis que a aparência é apenas um detalhe da vida, sendo a essência o mais precioso. Nosso pequeno herói consegue, inclusive, ter um melhor amigo, Jack, que o trai e é perdoado.

O perdão atrai de tal forma que Jack consegue ajudar Auggie a mostrar que o mais importante em uma pessoa é aquilo que não se pode ver.

Essa mesma ideia encontramos também na famosa história de *O Pequeno Príncipe*.

Pessoas são assim, resistem ao perdão porque foram feridas, sem saber que essa é a única maneira de liberar cadeias emocionais e construir relações poderosas!

Assim como você, eu não escolhi os primos ou cunhados que tenho. Já tive sérios problemas com alguns deles. Sim, fiquei com raiva. Sim, pedi a Deus que os levasse para bem longe de mim. Sim, já quis vingança. Sabe de que adiantou? Exatamente NADA. No fim de semana seguinte, eles estavam na casa da minha avó ou dos meus pais. As festas de fim de ano eram ponto de encontro. Com isso, a raiva só aumentava!

Demorei alguns meses para digerir alguns dos erros e das injustiças que cometeram contra mim (é claro, a meu ver eu tinha razão, mas cada um interpreta a mesma situação de formas diferentes). Por fim, percebi que não adiantaria nada ficar emburrado. As situações da vida somente mudam quando nós as encaramos.

Eu finalmente entendi que uma pessoa não muda só porque você não gosta dela e me dei conta de que, se eu quisesse ser feliz e resolver os problemas com os incontornáveis, teria que começar por mim.

No mundo ideal, os pais amariam e educariam seus filhos, os filhos honrariam os seus pais. Nesse lugar, os familiares (primos, genros, sogros, cunhados, tios, avós) conviveriam em plena harmonia e paz, e as pessoas se ajudariam no ambiente de trabalho e na comunidade onde vivem. O único problema é que este mundo em que vivemos não é o ideal, é o mundo real (e ele é bem diferente da teoria do mundo ideal).

Muitos de nós fomos feridos, abandonados, perseguidos por aqueles que deveriam nos amar e proteger. A vida não é um “mar de rosas”, não é “mamão com açúcar”, como as pessoas dizem popularmente. A vida é um mar bravio que precisamos atravessar com o nosso barquinho a remo.

Mas, como dizem por aí, mar calmo nunca fez bom marinheiro! Se você não desistir de remar, chegará a terra firme! Persistência é a chave!

Você pode tentar aproximação por diversas vezes e ter resultados negativos. Você pode “ficar na sua” e ainda assim ter um resul tado negativo. Você pode tentar agradar a todos (o que, desde já, eu digo que é impossível) e mesmo assim ter um resultado negativo. A única coisa que você não pode fazer é desistir! Problemas são inevitáveis. Disso não há como fugir.

Deixe-me contar algumas histórias reais. Nossa equipe de pesquisa do Instituto Destiny constatou um alto índice de falta de registro de paternidade entre pessoas com mais de 30 anos de idade. Ou seja, homens e mulheres que não conheceram o pai durante toda a vida começam a pesquisar sobre ele, o encontram e buscam o direito de registro. Eles não estão atrás de dinheiro ou herança, estão atrás de identidade.

Uma das pessoas que entrevistamos afirmou: "Não quero nada além de ser filho de alguém".

Por mais que o pai os tenha abandonado, eles relevam essa dor por causa do direito de ter um sobrenome, de poder apresentar uma filiação. Você pode tentar fugir do sentimento ruim de ser desprezado ou ferido por seu pai, mas a vontade de ser reconhecido sempre será maior do que a tempestade emocional.

Janete tem 34 anos e foi deixada pela mãe com uma vizinha quando tinha apenas 3 anos de idade. Janete cresceu com a lacuna aberta pela ausência materna permanente. Quando completou 31 anos, enfim, conseguiu localizar a mãe em outro estado. Comprou a passagem e foi até lá fazer uma surpresa. Para seu espanto, ao bater à porta, a mãe não quis sequer abrir. Mandou-a voltar para casa. Janete até hoje tenta encontrar uma forma para ser aceita pela mãe. O desprezo a machuca muito, a vontade de ser filha supera a ferida aberta.

Uma pessoa que chamaremos de Lucas teve a infância e a adolescência muito complicadas. Seu pai era violento, alcoólatra e constantemente humilhava a família toda em público. Por diversas vezes, Lucas flagrou sua mãe tendo relações sexuais com um vizinho enquanto seu pai trabalhava. Acreditem, essa não é uma infância fácil de se esquecer. Aos 18 anos, jovem e recém-ingressado nas Forças Armadas, Lucas vê seus pais na primeira fileira de sua formatura naval. Ele sorri e agradece a Deus por poder compartilhar aqueles momentos com os familiares.

Essas são apenas pequenas amostras reais entre diversas histórias que recebemos.

Sabe o que a história dessas pessoas me ensinam? Que todos carregamos uma dor ou uma frustração com os incontornáveis, mas tê-los por perto – a uma distância segura – sempre será melhor do que a ausência deles. A vida já nos surpreende com perdas irreparáveis, para que vamos agravar isso ainda mais?

Mais um pouco da sabedoria milenar pode nos auxiliar muito agora:

SE POSSÍVEL, QUANTO DEPENDER DE VÓS, TENDE PAZ COM TODOS OS HOMENS.[19]

Estudar sobre relacionamento interpessoal me levou a uma conclusão muito interessante: o ser humano tem a extrema necessidade de sentir-se incluído em uma família, por mais longe que ela esteja de ser perfeita. Retomemos a vida de Jacó: ele preparou presentes e as melhores ofertas para se reencontrar com Esaú, seu irmão. Ser aceito por ele era mais importante do que o mal intentado no passado.[20]

EXISTE UM ELO ESPIRITUAL ENTRE OS INCONTORNÁVEIS, POIS VOCÊ NÃO PÔDE ESCOLHER QUEM SERIAM. DEUS DECIDIU POR VOCÊ!

Isso é incrível!

Seu amigo foi você quem escolheu; o seu pai, Deus escolheu por você. Sua esposa ou seu esposo foi você quem escolheu; a sogra veio no pacote. Pense comigo: a pessoa com quem você se casou foi você quem escolheu. Seu pai e sua mãe, porém, Deus escolheu por você. O sócio de sua empresa foi você quem escolheu. Já seus irmãos e primos, Deus escolheu por você.

Se você seguir a linha de raciocínio de que nós somos falhos e Deus é perfeito, quais relacionamentos têm mais chance de darem certo?

---

19 Romanos12:18.

20 A história dessa reconciliação está registrada em Gênesis 33:1-17.

Não é fácil admitir que os incontornáveis também têm atitudes boas (ainda que sejam raras em alguns casos). Não é fácil admitir que os incontornáveis podem ser melhores do que nós em algumas coisas (se não em muitas). Não é fácil admitir que alguns dos erros dos incontornáveis são tão difíceis de engolir exatamente por serem os mesmos erros que você observa em si mesmo e contra os quais luta. Temos orgulho! Queremos ser "os melhores".

Vale reforçar que existem relacionamentos com incontornáveis muito bons. Nem todos têm problemas com os pais ou com familiares. Contudo, neste livro dou destaque às soluções. Então, preste atenção, se você é feliz nessa área, pare tudo agora e agradeça a Deus, pois milhões de pessoas estão com a vida travada por um problema que você não tem. Vale a pena agradecer!

Outros tipos de incontornáveis

Temos mais de 6 mil alunos no Clube de Inteligência e Desenvolvimento (CID), e centenas deles me enviam perguntas diárias sobre relacionamentos em geral. Colocarei algumas delas aqui:

Tiago, o que fazer com o colega de trabalho que adora competir comigo e faz de tudo para eu me dar mal? Eu não o escolhi como companheiro quando decidi aceitar esse emprego.

Professor, o que fazer quanto ao irmão de fé com quem convivo na igreja, mas inveja tudo o que eu tenho? Isso é insuportável, mas não me parece certo mudar de igreja só porque uma pessoa me incomoda.

Bom, queridos, além dos familiares que não escolhemos, há outros tipos de incontornáveis com quem temos que aprender a conviver: colegas de trabalho, irmãos da igreja, membros do mesmo clube social, vizinhos de porta e por aí vai.

Você provavelmente escolheu a casa onde mora, mas não pôde escolher quem viveria na casa ao lado. A vida é uma sequência de imprevistos e surpresas. Flexibilidade é a ferramenta de que você precisa nesse caso.

O que é flexibilidade emocional? Conheça uma parte de minha história que o ajudará a entender isso.

Quando me mudei para São Paulo, a princípio, fomos morar em um apartamento. No prédio, como geralmente acontece, as vagas de garagem são cativas e cada morador tem sua vaga certa, que foi concedida mediante sorteio nas reuniões de condomínio.

Contudo, o meu vizinho de vaga insistia em estacionar o carro na minha. Claro, a dele tinha uma pilastra que dificultava muito a entrada e era logo na descida da garagem. A minha, que ficava ao lado, era perfeita para estacionar. Eu vivo viajando e, às vezes, chegava de madrugada, cansado, depois de horas de voo e, quando ia estacionar o carro, lá estava o do vizinho estacionado. Eu levava dez minutos para desviar da pilastra e estacionar em uma vaga que não era a minha. *Que injustiça! Eu tenho meus direitos*, pensava.

Várias vezes, tomado pela raiva, pensei em como resolveria aquilo: "Vou bater na porta da casa dele às 3 da manhã", "Vou denunciar ao síndico", "Chamarei a polícia", "Quer saber, vou fazer um post bombástico nas redes sociais", e por aí iam meus pensamentos...

Sentimentos negativos surgem em nós, isso é normal. O ruim é quando eles nos dominam. Como decidi ser um especialista em pessoas, sabia que IDENTIFICAR uma emoção negativa e rapidamente combatê-la com a ferramenta certa era a solução.

A implicância ou a displicência do meu vizinho seria banida para sempre. Não com uma atitude raivosa, mas com minha flexibilidade.

Você pode ser duro e rígido como um lápis, mas ele quebra mais rápido do que uma borracha. A flexibilidade garante DURABILIDADE.

Em uma sexta-feira à tarde, eu cheguei em casa e percebi que o carro dele estava sujo. Fui para o meu apartamento, troquei de roupa e desci com balde, sabão e panos. Lavei o carro dele. Deixei brilhando... No para-brisa, deixei um bilhete:

> **Você está estacionado na minha vaga. Mas entendo que é bem difícil estacionar na outra. Se tiver algo que eu possa fazer para facilitar a sua vida, me avise.**

Caros leitores, ele não só nunca mais estacionou na minha vaga, como também se tornou um aliado meu nas reuniões de condomínio. Se você combater a doença do orgulho e tornar-se flexível, a maioria dos seus problemas vai desaparecer. A vida é uma só. Você quer viver em guerras ou fugir delas?

As fortes cenas de crianças e famílias atravessando perigosamente o Mar Mediterrâneo fugindo da guerra na Síria revelam que ninguém suporta viver em um ambiente hostil. Tome as atitudes necessárias para certificar-se de que você não fará parte disso!

AS PESSOAS QUE TIRAM VOCÊ DO SÉRIO SÃO SINAIS DE ALERTA DO QUÃO DESEQUILIBRADO VOCÊ AINDA ESTÁ.

Enfatizo a frase que acabo de citar, pois, quando estamos equilibrados, não há nada que roube a nossa paz. Ninguém sequestra nossas emoções quando estamos em equilíbrio.

Em uma sexta-feira de sol, daquelas cheia de vida e alegria por estar chegando o fim de semana, acordei e fui tomar meu café. Quando abri o Facebook, vi uma postagem de alguém que eu seguia. Fiquei nervoso com o que vi e comecei a falar comigo mesmo: "Esse cara está pensando que é quem? Nada a ver o que ele posta... Cara sem noção... Um sem graça, ridículo...".

Foi quando caí em mim e percebi que algo estava mal comigo. Afinal, ser especialista em pessoas não me torna perfeitinho, mas alguém capaz de identificar sentimentos e comportamentos negativos rapidamente e que tem uma caixa de ferramentas disponível para ajustá-los.

Eu me perguntei: "Tiago, por que você está tão incomodado com uma postagem qualquer? O que provocou essa mistura de sentimentos ruins? Você admira ou inveja o que esse cara faz?".

Foi assim que me dei conta do quão desequilibrado eu estava. Como pode um desconhecido, um rosto da internet, acabar com a minha sexta-feira logo pela manhã?

Entenda: para viver o seu propósito de vida, você precisará de paz para empreender e de pessoas para ajudar. Então, não negocie a sua paz e não crie problemas com as pessoas.

Remédio contra o orgulho

Como tenho um certo grau de *déficit* de atenção, por alguns períodos da vida tive que ser medicado. O remédio, em tese, deveria me auxiliar na concentração e me deixar menos distraído, contribuindo para que eu conseguisse focar nas tarefas diárias.

Sem o medicamento, se eu estivesse escrevendo e um passarinho voasse próximo à janela, por exemplo, isso seria suficiente para roubar minha atenção. Eu levaria quase uma hora para conseguir retomar a concentração outra vez.

Dias atrás, eu havia acordado às 8 da manhã para encarar uma agenda de muitos compromissos. Precisava ir ao heliponto do meu condomínio e embarcar no helicóptero que me levaria aos estúdios de TV onde eu participaria de uma gravação. Tomei café preto, como faço todas as manhãs e engoli uma pílula da medicação recomendada pelo médico.

Quando entrei no carro, saindo de casa, já me sentia meio "soltinho". Eu estava feliz, embora seja costume meu acordar com um leve mau humor.

Fiquei agitado por dentro e não me dei conta de que era o efeito colateral do remédio. Estava tomado por uma mistura de sentimentos e agitado pela medicação e, quando cheguei aos estúdios de gravação, peguei o telefone cheio de alegria e comecei a ligar para algumas pessoas. O problema é que eram pessoas com quem eu não tinha mais contato.

Por motivos que nem sempre nos lembramos, vamos deixando pessoas para trás. Perdemos contato, por qualquer chateação nós as bloqueamos nas redes sociais; e o mais triste, desistimos delas. Mas eu não hesitei! Liguei para sócios que haviam me virado as costas no passado, líderes religiosos que falaram mal de mim, amigos que me ignoraram quando eu mais precisei. Liguei sem filtro, com um tom de voz positivo e feliz, do tipo: "Ei, fulano, bom dia!".

Eu não sentia ressentimento nem medo por estar ligando, apenas liguei, sem bloqueios ou questionamentos. Parecia que o orgulho tinha saído de mim. Sabe o que aconteceu?

Em apenas uma manhã sem o "bloqueio do orgulho", eu reatei amizades, me aproximei de pessoas, valorizei os que eram importantes em minha vida e desfiz mal-entendidos. Com alguns deles, eu nunca mais voltei a falar e nem preciso, mas pelo menos tirei um peso das costas.

Resultado? PAZ!

Você pode, então, perguntar: "Tiago, vale a pena voltar a se relacionar com esse tipo de gente?".

Sendo sincero, quando eu liguei, não planejava voltar a ser amigo inseparável ou jantar com algum deles lá em casa. Todavia, o simples fato de ligar tirou do meu coração o ladrão da paz chamado indiferença. Tudo de que precisei foi uma ligação.

A indiferença mata mais que câncer. Muitos adoecem por conta do desprezo que sofrem da parte de quem admiravam ou amaram alguma vez.

Bem, quando voltei ao médico, contei sobre o ocorrido:

"Doutor, esse comprimido que você me deu é forte, não é?"

"Por que diz isso?", retrucou o médico.

"Bom, eu fiquei todo animado quinze minutos depois de ingeri-lo. Parecia que eu não tinha vergonha, nem limites. Liguei para um monte de gente para dizer o quanto eu as amava e, para outros, telefonei pedindo perdão. Foi meio constrangedor!"

Ele sorriu e disse que o remédio agita um pouco as emoções, acelera pensamentos, porém não induz atitudes. Ou seja, eu já queria fazer tudo aquilo, só não tinha coragem. Eu estava havia anos travado pelo orgulho.

Quantas foram as vezes que o que mais precisávamos era de um abraço, mas pedimos para quem amávamos que se afastasse de nós! Quantas outras dissemos que queríamos ficar sozinhos, quando o que queríamos era companhia... Temos vergonha de assumir nossas fragilidades, de reconhecer nossas limitações e, até mesmo, de dar um passo positivo em direção a alguém que nos fez mal!

E, se existisse um remédio que inibisse a sua altivez, o seu egoísmo, os seus achismos, o seu orgulho? Será que você ligaria para alguém agora? Então, considere este livro o seu fármaco. Entre em contato com quem julgar importante, e eu esperarei por você no próximo capítulo.

Perguntas e respostas

Ao final de cada capítulo, colocarei algumas perguntas que foram enviadas por nossos alunos do Clube de Inteligência e Desenvolvimento (CID) e participaram do curso "Seja um especialista em pessoas" e as minhas respectivas respostas.

1. *Tiago, não consigo perdoar meu pai. Ele nos abandonou a troco de nada. Passamos por coisas terríveis na infância e na adolescência, como fome e humilhações por não poder pagar as contas, por irresponsabilidade dele. Hoje, ele tenta se aproximar, mas simplesmente não consigo deixar isso acontecer. O que eu devo fazer?*

Querida F., quando a pessoa que deveria nos proteger nos abandona, nossas emoções esmorecem. Ficamos sem rumo e direção. Mas, como ensinei na teoria dos incontornáveis, não dá para fingir que o seu pai não existe, e se você não estivesse com muita vontade de resolver isso, certamente não teria escrito para mim.

Você quer resolver a situação, porém acha que, se perdoá-lo, validará todo o mal que ele causou. Mas a verdade é que quem perdoa se liberta.

Muitos já perderam os pais e agora estão arrependidos por não poderem dar nem receber o perdão. O meu conselho é que você perdoe e seja livre emocionalmente. Talvez não precise conviver com seu pai diariamente, mas, em sua vida, ele sempre terá o peso emocional de ser o seu pai.

Fugir disso só alastra a dor. Desejo paz e prosperidade para você!

2. *Professor, como lidar com colegas no trabalho que invejam e fofocam o tempo inteiro? E quando uma dessas pessoas é seu supervisor direto?*

Caro T., esse tipo de incontornáveis (colegas de trabalho e vizinhos), ao contrário de familiares que são eternos, podem ficar apenas por um tempo em nossa vida. Você escolheu o trabalho, mas não quem viria no "pacote". Você queria a vaga, porém não sabia quem seria o supervisor. Agora terá que lidar com isso!

O meu conselho é: se eles invejam, é porque você está brilhando. Isso é um bom sinal. Se eles fofocam, é porque o problema está neles. O importante é você não fofocar.

Conheça bem a si mesmo para que a implicância deles não mude quem você nasceu para ser. Seja fiel a seus valores e sua função nesse trabalho. O bem sempre vence o mal, caso você tenha paciência e decida escolher o lado certo.

No fim das contas, os seus resultados vão silenciar os opositores. Isso eu garanto!

3. *Alguns parentes com quem não tenho nenhum grau de intimidade insistem em fazer perguntas delicadas e têm postura muito "xereta" em relação a minha vida. Por exemplo: perguntam qual é o meu salário, se o meu relacionamento amoroso está bom ou não, querem falar sobre o meu trabalho e saber de tudo o que diz respeito à minha vida! Como agir nesses casos? Devo adotar uma postura mais direta e dizer que não quero falar sobre esses assuntos, correndo o risco de parecer grosseiro? Como sair dessas situações delicadas, evitando um confronto direto (como você recomendou)?*

F., você me parece ser inteligente, porém ingênuo. Não há como negar informações a parentes diretos sem causar transtornos. Mesmo que você não os considere íntimos, parentes costumam acreditar que devem saber de tudo sobre seus familiares. Seja por inveja, ciúme ou curiosidade, eles sempre vão perguntar.

O meu conselho é simples: não negue informações, apenas limite-as. Desprezar uma pergunta de um incontornável é bem delicado. Em contrapartida, ele jamais saberá realmente, se você apenas limitar a informação.

Por exemplo, se lhe perguntarem "Quanto você ganha lá no seu trabalho?", você pode responder: "Então, estou muito feliz de estar lá, somos valorizados e o ambiente é criativo. Alguém em minha posição pode ganhar de 2 a 5 mil reais dependendo da formação e do envolvimento com o serviço".

Acredito que, dessa forma, você dá um panorama geral sem entrar em detalhes.

4. *Estou fazendo o curso com o meu esposo. Somos pastores de uma igreja em Santa Catarina. A princípio, a nossa intenção ao fazer esse curso* *é ajudar as pessoas a permanecerem na fé e entendê-las melhor. Estamos há cinco anos cuidando dessa igreja e, durante esse tempo, as pessoas sempre me machucam com palavras e ações. Falam na minha frente (e também quando não estou) coisas horríveis a meu respeito e fazem até acusações infundadas. Da última vez, um casal falou para mim que eu havia desonrado o meu marido porque levantara do meu lugar durante a pregação. Sempre sou cordial, procuro sempre ajudar, sou simpática e realmente não entendo por que o problema é sempre comigo. Realmente não sei como lidar com essa situação. Quando falam coisas que eu não sou e não faço, fico extremamente nervosa e quero me defender. Cada vez que uma pessoa pede para falar conosco, fico angustiada e com medo de ser afrontada de novo. Eu queria ser blindada emocionalmente. Já me questionei e avaliei se alguma atitude minha pudesse provocar isso nas pessoas, percebi que tudo que falam a meu respeito, na verdade, eles é que são, me criticam a respeito de coisas que eles fazem. Como pastores, temos que ouvir, mas como posso lidar com isso?*

Como posso ajudar essas pessoas sem me machucar tanto? Estou com muitos problemas no trabalho, na área financeira, na igreja e preciso ter essa inteligência emocional que seja possível superar todas essas coisas. A regra do dois em um[21] *é uma realidade entre nós, ela e a comunhão que temos com Deus foi o que nos manteve firmes até agora. Como posso me blindar? Como reagir na hora da afronta? Como responder com sabedoria? Se fico calada, acredito que recebo o rótulo, ou seja, os outros criam para terceiros uma imagem a meu respeito de coisas que eu não sou.*

Querida pastora, nenhuma pessoa deveria liderar sem ter certeza de que já desenvolveu Inteligência Emocional. Por quê? Porque o líder, quando fere, atinge muita gente, e o estrago realmente é grande. Quando o líder é ferido (porque ainda não é blindado emocionalmente), se abate e pode causar outros danos aos liderados.

O meu conselho, para você que é uma pessoa de fé cristã, é um princípio bíblico: "Sobre tudo o que se deve guardar, GUARDA o coração".[22]

A Bíblia menciona a palavra "coração" mais de 900 vezes como sede das emoções. Ou seja, acima de tudo o que você deve blindar e proteger, proteja as suas emoções, pois é delas que saem as decisões da vida.

---

21 Esse é o tema do Capítulo 4.

22 Provérbios 4:23a.

As pessoas vão continuar ferindo você, quem precisa estar preparada é você.

Deixo mais uma dica bíblica como resposta às suas perguntas: "Se, porém, algum de vós necessita de sabedoria, peça-a a Deus, que a todos dá liberalmente e nada lhes impropera; e ser-lhe-á concedida".[23]

Conclusão

No mundo ideal, não haveria pessoas incontornáveis pelo simples fato de que todos seríamos amorosos e verdadeiros uns com os outros. No mundo real, porém, é impossível negar que essas pessoas existem. Assim, a nossa opção é buscar ferramentas que nos ajudem a lidar melhor com aqueles que não escolhemos, mas temos ao nosso redor. Eu acredito nas pessoas, apesar de elas não acreditarem em si mesmas!

> "Colecione momentos e não coisas. Mas para isso você vai precisar de pessoas."

23 Tiago 1:5.

Capítulo 3

Lidando com os contornáveis

A água nos ensina, com sua sabedoria,
que podemos desviar de obstáculos
para chegarmos ao destino desejado.
Não precisamos bater de frente,
podemos apenas contornar!

Neste capítulo, vamos tratar dos **contornáveis**. Diferentemente dos **incontornáveis**, que vimos no Capítulo 2, os contornáveis são as pessoas com as quais NÃO somos obrigados a conviver no dia a dia.

Entende?

Você pode, por exemplo, mudar de cabeleireiro ou de dentista porque são pessoas contornáveis e há diversas opções de profissionais que podem cuidar dos seus cabelos e dos seus dentes. Ao contrário das pessoas com as quais você será obrigado a conviver (incontornáveis), os contornáveis podem ser evitados.

Entretanto, a minha intenção neste livro é ajudar você aprender a lidar com todos os tipos de pessoas. Reconhecendo-as, nas categorias de sua vida, você precisa saber lidar com cada uma delas da melhor maneira possível sempre que for necessário. Vamos lá!

NEM TUDO O QUE PENSO, EU POSSO FALAR. NÃO É FALTA DE SINCERIDADE, É SABEDORIA.

Certo dia, postei a frase acima em meu Twitter e ela deu o que falar. Nos comentários, muita gente reconheceu ter perdido amigos, oportunidades e relacionamentos por não dosar a FALA.

Há um conhecido ditado popular que alerta: "Quem fala o que quer ouve o que não quer". Saber se expressar é uma arte. E, como toda arte, precisa ser praticada e desenvolvida.

A célebre frase atribuída a Thomas Edison já diz com sabedoria: "O sucesso depende 10% de inspiração e 90% de transpiração"; então você precisa buscar conhecer e se aprimorar nessa arte. É claro que há outra opção: arranjar problemas por aí! Lembre-se, porém, que ser sábio é fazer boas escolhas!

Chegou a hora de deixar para trás aquele pensamento, que é digno de um adolescente: "Eu não levo desaforo para casa. Comigo é assim mesmo: bateu, levou. Falo mesmo, e os incomodados que se mudem".

A arte de se relacionar é fundamental para o sucesso. É impossível se tornar bem-sucedido sem se relacionar. Ainda que você acredite ser "bom o suficiente sozinho", você terá de comprar, vender, trocar, sejam bens e produtos, seja conhecimento ou o que for. Não é possível ter sucesso sozinho. A não ser que sua meta de vida seja se tornar um eremita, você *tem que* desenvolver bons relacionamentos. Para isso, você precisa ser FLEXÍVEL, como eu mencionei no capítulo anterior e darei mais detalhes agora.

A flexibilidade é oriunda de sua mentalidade. O físico estadunidense Leonard Mlodinow enfatiza que o pensamento flexível nos leva a gerar e a incorporar novas ideias:

> [...] a capacidade de descartar ideias confortáveis [...]; a capacidade de superar posturas mentais e reestruturar as perguntas que formulamos; a capacidade de abandonar nossas suposições arraigadas e nos abrirmos para novos paradigmas [...]; a vontade de experimentar e saber lidar com o erro. Trata-se de um leque de talentos diversificado [...] revelando diferentes aspectos de um estilo cognitivo coerente. Eu chamo isso de *pensamento flexível ou elástico*. Pensamento flexível é o que nos confere a capacidade de resolver novos problemas e superar as barreiras neurais e psicológicas que nos impedem de enxergar para além da ordem existente.[24]

Quanto mais sonhador e mente aberta você for, mais flexível será diante da rigidez de certas pessoas. É interessante refletir sobre o que diz a sabedoria milenar: "A resposta branda desvia o furor, mas a palavra dura suscita a ira".[25] O que você FALA, a resposta que você dá, a forma como você se expressa, tudo isso pode se tornar o combustível de uma explosão ou o extintor que apaga um incêndio.

SUAS PALAVRAS SÃO O COMBUSTÍVEL QUE ALIMENTA UMA EXPLOSÃO OU UM EXTINTOR QUE APAGA UM INCÊNDIO.

Ter sabedoria ao utilizar as palavras é a solução milenar para os problemas de agora.

É simples de entender, mas difícil de praticar.

"O SÁBIO NÃO FALA TUDO O QUE PENSA, MAS PENSA TUDO O QUE FALA."

ARISTÓTELES

---

24 Mlodinow, Leonard. *Elástico*: como o pensamento flexível pode mudar nossas vidas. Rio de Janeiro: Zahar, 2018.

25 Provérbios 15:1.

Uma característica humana é o que chamamos *impulso*.

O impulso pode salvar vidas. Por exemplo, uma criança distraída corre para a rua em busca de um brinquedo sem olhar para os lados e perceber que há um carro muito próximo, a 60 km/h. O impulso do motorista é frear, enquanto olha os retrovisores e busca possibilidades de áreas de escape. Em pouquíssimos segundos, quando a criança percebe o perigo e, paralisada, arregala os olhos para o motorista, este já está passando aliviado ao lado dela, a 10 km/h e se perguntando: "Onde está o responsável por essa criança?". O impulso do motorista salvou a vida da criança.

Contudo, ao refletir sobre a história que acabo de contar, entendemos que a criança também agiu por impulso ao correr atrás de um brinquedo fujão e colocou sua vida em perigo sem perceber até que fosse tarde demais. Certamente, a criança teve três respostas ao seu impulso: coração acelerado, arrependimento pela distração e gratidão pela perícia do motorista.

Veja que todos temos um pouco dessa criança em nós. Quem nunca agiu por impulso e se arrependeu depois? Quem nunca confiou em alguém à primeira vista? Conhecemos uma pessoa hoje e, no mesmo instante, já contamos para ela toda a nossa vida. Se tivéssemos esperado dois meses, saberíamos quem ela é de verdade. Porém já é tarde demais. Falamos até das nossas maiores vergonhas, confiando em alguém que não conhecíamos até poucas semanas atrás.

A impulsividade também é responsável por atrapalhar o que falamos, as associações que fazemos e, é claro, o pior de tudo, as nossas decisões. Com o passar do tempo, depois de decepções causadas por nossa própria impulsividade (veja que a culpa não é do outro, foi você quem escolheu confiar em alguém que mal conhecia), a maturidade chega e nos auxilia a dominá-la.

Quanto mais maduro você for, e isso não tem a ver com idade, mas com responsabilidades assumidas e cumpridas, mais tolerante e menos impulsivo você será.

Ser uma pessoa impulsiva traz grandes prejuízos. Você promete o que não pode cumprir, vai aonde jamais deveria pisar, conta o que jamais deveria estar na sua mente, quanto mais na sua boca.

COMO ALCANÇAR A MATURIDADE?

Bom, se fosse rápido e simples ser uma pessoa madura, não haveria conflitos, guerras e tantos problemas diplomáticos mundo afora. Como eu já disse, a maturidade não vem necessariamente com a idade, infelizmente. A maturidade se desenvolve mediante o entendimento e o cumprimento das suas responsabilidades. Assim, você pode começar a amadurecer:

1. se você decidir crescer emocionalmente;
2. se você andar com pessoas maduras, com intenção de aprender como se faz;
3. se você ler, estudar muito e colocar em prática os assuntos relacionados à convivência humana;
4. se você ler e meditar na Bíblia e em seus princípios, buscando obedecer a eles;
5. se você aprender a perdoar;
6. se você vencer os seus maiores desafios e problemas (isso nos faz crescer);
7. se você buscar ser humilde;
8. se você for prudente e simples.

Alguns dos caminhos apontados são bastante simples de se colocar em prática, como os que tangem ao estudo e busca de conhecimento formal. Outros, todavia, necessitam de um empenho mais reflexivo, além do estudo, como a busca por humildade e prudência. As suas escolhas diárias e a sua decisão por colocar cada uma delas em prática é o diferencial entre desejar a maturidade e abraçá-la para ter uma vida madura.

Pessoas nossas de cada dia

Eis que eu vos envio como ovelhas para o meio de lobos;
sede, portanto, prudentes como as serpentes e símplices como as pombas.
Mateus 10:16

Todos os dias, ao sair de casa, você vai encontrar com pessoas em seus afazeres cotidianos. Algumas são conhecidas, outras você nunca viu na vida. Algumas você encontrará com regularidade, outras raramente ou apenas uma vez. O atendente de caixa do mercado mais próximo da sua casa pode ser alguém que você já viu antes e encontrará com certa regularidade, mas o motorista de aplicativo provavelmente estará na categoria de desconhecidos, ainda que você use aplicativos de carros com frequência.

Essas pessoas que encontramos esporadicamente, ou apenas uma vez na vida, são as **pessoas contornáveis**. Muito raramente, essas pessoas passarão dessa esfera para outra, pois não há sequer tempo de desenvolver algum tipo de relacionamento mais profundo com elas. É o caso do motorista de aplicativo. Você dificilmente pegará o mesmo carro novamente, quanto mais fará uma amizade.

Parte dessas pessoas vai sorrir para você, outras vão virar a cara. Tem gente que simplesmente não vai gostar de você, e isso é comum e normal. Há também aqueles que, por estarem passando por um dia difícil, não importa o quanto você seja aberto e simpático, não vão corresponder. Você também não tende a ficar mais fechado quando está num dia terrível?

Quando sair de casa, saiba que a vida é assim! Viver com consciência disso fará você sofrer menos.

O simples fato de saber disso, ainda que nem sempre esteja em pensamento consciente, já é uma blindagem! O conhecimento nos blinda contra os tiros de olhares e palavras que tentam nos atingir.

Como Jesus ensinou no versículo de Mateus citado no início deste tópico, somos como ovelhas enviadas para uma matilha de lobos todos os dias. Pense nisto: a ovelha briga com o lobo?

Ao mesmo tempo que o Mestre mostra a situação, Ele mesmo nos instrui, revelando COMO devemos reagir: ser PRUDENTE como a serpente e ser SIMPLES como a pomba.

Já observou o comportamento de uma serpente?

Em 2016, eu estava assistindo a uma série sobre cobras no Discovery Channel e aprendi que a serpente fica escondida, está sempre de tocaia. Ela não enfrenta o homem, mas dá o bote quando necessário, quando se sente ameaçada. Já quando está em busca por alimento, assim como um ladrão que aguarda pela distração da vítima, fica parada avaliando o momento exato de dar o bote, que precisa ser certeiro.

A pomba, por sua vez, está nas praças, no meio das multidões. Sem orgulho nenhum, as pombas se alimentam dos grãos que as pessoas jogam ou dos farelos que caem pelo caminho. Vez por outra, estão no meio da rua bicando algo até que um carro vem em sua direção e ela bate asas em retirada no tempo exato. Simplicidade as define!

Quando o Mestre nos indica que sejamos como as pombas, está nos orientando a sermos simples, despretensiosos, a dependermos dos cuidados de outrem quando necessário, a termos a sabedoria de bater asas em retirada quando há perigo. Além disso, Ele nos adverte a termos o cuidado de sermos prudentes como as serpentes, a nos mantermos cautelosos, aguardando o tempo certo de agir, de forma a agirmos e reagirmos da maneira mais certeira possível.

Da mesma forma que somos alertados sobre como devemos agir e reagir. As pessoas que estão neste mundo real também agem e reagem. No mundo ideal, todos agiriam de forma gentil com os que estão ao seu redor. Contudo, este é o mundo real, não é mesmo?

Pensando nisso, apresento-lhe os dois tipos de pessoas contornáveis com as quais você sempre vai topar, por onde quer que você vá no seu dia a dia. Neste livro, vou chamá-las de *facilitadores* e *bloqueadores*. Veja algumas características de cada um desses tipos:

Facilitadores	**Bloqueadores**
Estão sempre sorrindo	Estão sempre mal-humorados
Querem ajudar mesmo que o problema não esteja relacionado com eles	Não procuram fazer o bem desinteressadamente
Não guardam rancor	São amargurados
São desprendidos de coisas materiais	São avarentos
São disponíveis e gostam de ouvir os outros	São egoístas

Observe que as atitudes de facilitadores e bloqueadores são diametralmente opostas! Há um dado, porém, que deixei de fora do quadro: a felicidade!

Quem já é feliz facilita a vida dos outros gratuitamente. Não existe tempo ruim quando se trata de ajudar e abrir portas. A pessoa se sente bem e feliz; então, ela deseja o mesmo para os demais.

Por outro lado, quem ainda é triste e vazio, torna-se um bloqueador de sonhos, de ideias e alegrias diárias. Até nos dias de sol e alegria, em meio às festividades, ele acaba atrapalhando a vida de alguém. Bloqueadores são pessoas tristes!

Como trabalho viajando para dar palestras e cursos em quatro continentes (até agora, somente a Oceania não recebeu nossos treinamentos ou conferências presenciais), todo dia tenho que lidar com pessoas desconhecidas, com os contornáveis. Tratando-se de pessoas que estão no aeroporto, acabei me especializando quase naturalmente.

Certa vez, aconteceu de eu chegar em cima da hora para pegar um voo. Corri até a área de *check in* com meu documento de identificação e disse aliviado: "Consegui! Ufa! Estou nesse voo das 15 horas".

A atendente da companhia aérea, que estava lixando a unha, sem parar o que fazia nem olhar para mim, disse: "Tarde demais, senhor. Já fechamos o voo".

De imediato, comecei a implorar: "Por favor, faltam cinco minutos ainda para finalizar o embarque e eu não preciso despachar bagagem, estou sem mala, vou correndo, me ajuda!". Ela, com sarcasmo (o que provoca raiva em qualquer pessoa), repetiu: "Já fechamos, moço!". Entrei em desespero, pois aquele era o único voo do dia para a cidade aonde eu deveria ir.

Outra atendente, que estava a uns cinco metros de distância no mesmo balcão, ao ver meu desespero, perguntou: "O que está acontecendo?". Eu fiz a minha melhor cara de "cachorrinho pidão" e expliquei que estava sem mala e, se eu corresse, teria tempo de entrar no voo antes de finalizar o embarque. Ela pegou meu documento, sorriu, olhou para o relógio e disse: "Sim, se você correr, dá tempo. Tome o seu cartão de embarque".

Agradeci e corri! E, sim, eu embarquei!

Qual é a diferença entre as duas atendentes se, SIM, era possível o meu embarque? Uma queria facilitar a vida dos outros; a outra, bloquear.

A vida emocional, sobre a qual eu falo em quase todos os meus livros anteriores, é o que determina o tipo de pessoa do dia a dia que você é. A vida espiritual é o fogo que acende a vontade de ser melhor e ajudar alguém todos os dias, a vida emocional é o equilíbrio para fazer isso constantemente.

A menina que facilitou um milagre

Em um dos meus vídeos no YouTube, conto uma famosa história bíblica[26] que traduz o sentido de ser um FACILITADOR.

Trata-se da história de uma menininha que foi sequestrada em sua terra, Jerusalém, pelo exército Sírio. O povo de Israel caiu nas mãos de uma nação inimiga que destruiu a Cidade Santa e levou alguns hebreus como escravos. Dentre eles, estava essa menina.

Imagine quantos sonhos tem uma criança. O amor que ela recebia dos pais. A segurança de seu lar, os amigos da vizinhança. Tudo isso foi interrompido abruptamente por destruição, mortes e sequestro. Ela se tornou uma escrava em terra estrangeira.

Esse acontecimento é assustador para nós. Ninguém suporta a injustiça!

Contudo, a menina não parecia se sentir tão afetada quando lemos o texto. Ao contrário, quando ela percebe que o seu "senhor", um general sírio herói de guerra chamado Naamã, tem lepra, ela suspira e diz: "Tomara o meu senhor estivesse diante do profeta que vive em Samaria [tratava-se do famoso profeta Eliseu]; ele o restauraria da sua lepra".[27]

Espere aí! Deixe-me ver se entendi direito: a menina que teve o futuro roubado, que sofreu uma injustiça grosseira, dá a informação de onde o seu sequestrador pode encontrar a solução do seu maior problema?

SIM!

---

26 A história da escrava da esposa de Naamã que facilita um milagre está relatada em 2Reis 5.

27 2Reis 5:3.

Facilitadores não têm momento ou dia certo para fazer o bem. Eles simplesmente o fazem!

CADA UM DÁ AQUILO QUE TEM.

Assim como a Bíblia diz: "Portanto, aquele que sabe que deve fazer o bem e não o faz, nisso está pecando".[28]

Gente, mas como pode? E meus direitos, como ficam? E a dor que passei, vai ficar por isso mesmo?

Bom, pelo visto a menina estava mais focada em resolver problemas e entrar para a História (como entrou) do que em chorar pelo passado sofrido e que não deixaria de existir de qualquer forma.

E como terminou o relato? Naamã, comandante do exército sírio, com a permissão do rei de Israel, foi até a casa de Eliseu, o grande profeta, que, por meio de um mensageiro, mandou que ele se lavasse por sete vezes no rio Jordão. De pronto, Naamã ficou contrariado por ser uma coisa tão simples de se fazer (apenas banho) e porque Eliseu não o recebera pessoalmente. Contudo, depois de ser exortado por seus oficiais, decidiu obedecer ao homem de Deus e foi miraculosamente curado.[29]

Lidando com pessoas difíceis

Reparem que, guardadas as devidas proporções, há pessoas que, pelo simples fato de estarem de mau humor, tentam estragar o seu dia. E olha que essa pessoa nem foi sequestrada na infância e obrigada a fazer trabalho escravo.

Quantas vezes já entrei em lojas nas quais o vendedor, que é pago para atender quem ali entrar, está de má vontade? Quando isso acontece, como cliente, tendemos a pensar: "Eu vou gastar dinheiro aqui? Vou ser responsável por manter este negócio girando, sendo que quem deveria me servir com atenção e presteza não está 'nem aí'?".

---

28 Tiago 4:17.

29 Conforme o relato completo de 2Reis 5.

Os bloqueadores são muito comuns. Eles estão no trânsito, na loja de conveniência, do outro lado da linha telefônica e até mesmo dentro da sua casa.

Quero contar agora uma história que muitas pessoas que me conhecem pela internet já ouviram. Ficou conhecida como o vídeo do "cafezinho no aeroporto" e viralizou nas redes sociais. Nele eu conto um episódio que ocorreu no ano de 2015, quando Jeanine e eu estávamos no aeroporto do Galeão, no Rio de Janeiro, embarcando para uns dias de descanso em Londres.

A menina que servia o café demorou cerca de dez minutos para vir perguntar o que queríamos, apesar de a minha mão estar levantada solicitando auxílio. Trouxe o cardápio com preços exorbitantes, jogou-o sobre a mesa com muito mau humor e saiu.

Eu fiquei chateado, mas queria tomar meu cafezinho logo e ir para a sala de embarque.

Escolhemos o café mais barato, cerca de 14 reais, isso mesmo 14 reais por uma xícara de café. Levantei a mão novamente para a atendente vir anotar o pedido. Lá se foram mais dez minutos. De cara fechada e sem pronunciar uma palavra, veio até a nossa mesa, anotou o que queríamos e saiu. Mais alguns minutos de terror até ela trazer o café e, quando ela finalmente chegou a nossa mesa, soltou a bandeja com tanta agressividade que a xícara balançou e uns 4 reais daquele café que custava 14 transbordou e caiu no pires.

Jeanine, que costuma ser calma por temperamento, se irritou e disse: "Vamos chamar o gerente, agora basta!". Eu mantive a calma e, então, repliquei dizendo: "Amor, coloque-se no lugar dela. Estamos aqui embarcando para a Europa, graças a Deus com alguns euros no bolso. Ela está atrás de um balcão. Ela chegou às 5 da manhã aqui e limpa mesa por mesa. Enquanto ela trabalha, fica observando cada um com a sua malinha embarcando rumo a seus sonhos e projetos. Você não sabe se ela deixou um filho doente em casa e veio trabalhar; não temos ideia se ela apanhou de um marido violento nesta madrugada. Só vemos uma pessoa alterada e aparentemente mal-educada. Mas tem algo por trás disso. Se chamarmos o gerente, vamos acabar de vez com o dia dela em vez de salvá-lo".

Foi então que, pela primeira vez, apliquei essa ferramenta com um bloqueador. Ela involuntariamente queria estragar o meu dia, mas eu tomei a decisão de melhorar o dela.

Levantei-me, fui até o balcão e pedi a conta. Quando ela me deu a notinha, segurei a mão dela e disse: "OBRIGADO!", dessa forma, bem enfática. Ao que, com sarcasmo, ela respondeu: "Obrigado pelo quê?", tirando a mão dela da minha.

Eu continuei: "Obrigado porque, mesmo com problemas, pois tenho certeza de que você está atravessando um bem sério, você ainda assim decidiu sair de casa e vir servir as pessoas aqui. Mas eu quero dizer que o que você está passando é parte do seu caminho, não é o seu destino, vai melhorar".

Deixei uma gorjeta generosa e saí. Como era de se esperar em meio a uma situação como esta, ela ficou petrificada, assimilando as minhas palavras e chorando bastante.

O nome dessa ferramenta é COMPAIXÃO. Essa ferramenta é capaz de desarmar um bloqueador. A compaixão é uma ferramenta poderosa.

"Mas, Tiago, de forma prática, o que é compaixão?", você pode questionar.

Compaixão é a evolução da *empatia*. *Empatia* é você se colocar no lugar do outro; *compaixão* é sentir o que ele está sentindo e não conseguir ficar imóvel diante da situação. Entende?

A COMPAIXÃO É A EVOLUÇÃO DA EMPATIA.

Dias ruins

Por melhor pessoa que você seja, os dias ruins são inevitáveis. Quando eles chegam, você age e reage de forma diferente de como faria nos dias comuns. Somos humanos, e por isso vulneráveis a situações negativas externas.

Lembro-me de que, em um dia chuvoso, acordei bem cedinho e comecei a preparar a mala para mais uma viagem Brasil afora. Como nessa época morava em São Paulo, atravessar a Marginal Tietê para chegar ao aeroporto de Guarulhos era obrigatório.

Nesse dia, choveu em São Paulo, e todos sabemos bem o que acontece no trânsito da megalópole quando chove: ficamos duas horas e quarenta minutos no engarrafamento em meio à chuva e ao caos.

Como já sabia que iria perder o voo, comecei a ligar para o meu escritório para que fizessem contato com o pessoal da palestra na cidade a que eu iria. Fiquei no aplicativo da companhia aérea tentando um encaixe para o voo seguinte, o que me deu uma terrível dor de cabeça por ficar mexendo no celular com o carro no movimento anda e para, anda e para (é bom lembrar que eu estava no banco do carona).

Para piorar, Jeanine me ligou dizendo que a Julia, nossa filha, estava passando mal na escola e a diretora pediu para que ela fosse correndo para lá (acabou por ser algo simples da infância, mas que necessitava da presença de um dos pais).

Passada toda a dificuldade, cheguei agitado ao aeroporto, já arrependido de ter saído de casa naquele dia. Para completar, a moça que me atendeu no balcão do *check in* começou a dificultar tudo ainda mais.

Ela disse que seria impossível eu embarcar ainda naquele dia, pois os voos estavam lotados etc. Nesse exato momento, alguém tocou o meu ombro e disse: "Oi, Tiago, posso tirar uma foto com você?".

Eu olhei e perguntei: "É sério isso? Você não está vendo que estou cheio de problemas aqui?". Ela fechou o rosto e retrucou: "Seu ignorante! Hunf...". Bem, eu sei (e aqueles que convivem comigo também) que não sou um ignorante, mas, sim, eu reagi de forma inesperada, pois estava passando por um dia bem difícil. Caí no erro de não dar prioridade ao domínio próprio e às pessoas à minha volta.

Graças a Deus, consegui reverter a situação. Fui até aquela pessoa e, humildemente, lhe pedi desculpas e dei a ela a atenção devida.

Ter um dia ruim e ficar chateado em razão disso é comum. Contudo, nem todos têm sabedoria para discernir que o motivo da chateação não é uma pessoa que se aproxima de você por admirá-lo. Inclusive, se eu não tivesse tido sabedoria de buscar reverter a situação, eu poderia ter acabado com a admiração que aquela mulher sente por mim.

Palavras mal colocadas que expressamos têm muito poder. Buscar a reconciliação também tem. Busquemos, então, não errar nas palavras, mas, se ocorrer de errarmos, que estejamos prontos para corrigir nosso erro. Lembre-se que o contrário também acontece, às vezes quem o destratou hoje, não fez isso para ferir você, mas porque estava em um péssimo dia. Sempre analise as reações do outro com compaixão.

UM DIA NÃO DEFINE QUEM VOCÊ É, MAS QUEM VOCÊ É DEFINE O SEU DIA.

Enfatizo aqui que erramos e continuaremos errando em uma coisa ou outra nesta vida. Para combater imediatamente as consequências de um deslize, as ferramentas a serem utilizadas devem ser a do arrependimento e a da humildade:

Arrependimento para reconhecer o seu erro, e humildade para ir até a pessoa contra quem você errou, se desculpar e, se possível, reparar o erro.

Entenda: isso vale muito!

Quantos erros jamais *virariam* a guerra ou os escândalos que se tornaram se a parte que falhou tivesse se arrependido e pedido perdão imediatamente com humildade.

O ser humano parece que gosta de complicar as coisas simples da vida!

Errou, peça perdão.

Pecou, se arrependa.

"UM ERRO NA VIDA NÃO É UMA VIDA DE ERROS."
PADRE ZEZINHO

PESSOAS SÃO ASSIM

Na comédia romântica *De repente 30*, o sonho da adolescente Jenna é poder se livrar de alguns incontornáveis – os colegas de escola –, de forma que eles sejam contornáveis e ela não precise mais lidar com eles.

Explico, Jenna não era aceita no grupo das garotas populares da escola e não tinha aos seus pés o garoto mais cobiçado. Ela prestava favores a eles por ser inteligente, como forma de comprar seu ingresso de entrada no grupo, mas isso sempre durava muito pouco.

Ver-se livre de toda essa situação, então, tornou-se seu desejo. Jenna queria pular a etapa e já ter uma vida consolidada sem precisar lidar com aquelas pessoas incontornáveis (quem nunca, não é mesmo?).

Contudo, a vida adulta não se apresentou mais fácil quando ela acordou com 30 anos, uma carreira de sucesso e uma cabeça adolescente! Qual não foi a tristeza de Jenna ao perceber que tinha deixado muitas coisas para trás para conseguir "ser aceita". Ela descobriu que abrira mão de coisas essenciais, como a retidão e o bom-trato com as pessoas.

Pessoas são assim, em troca de aceitação passageira substituem o que é essencial pelo superficial. Mas, no futuro, o passado acaba retornando e nos perturbando quando não o resolvemos corretamente.

Pedir perdão por nossos erros é algo que devemos fazer a cada dia!

Perdoar é um remédio essencial! O doutor Fred Luskin, psicoterapeuta e pesquisador da Universidade Stanford, e Carl Thoresen, *ph.D.* em psicologia, desenvolveram um estudo de seis semanas com técnicas de perdão. Os resultados indicaram redução do nível de estresse, menor ira, maior confiança de que no futuro perdoariam mais e mais facilmente. Além disso, houve melhora física de sintomas como dores no peito e na coluna, náuseas, dores de cabeça, insônia e perda de apetite. Assim, Luskin concluiu que o perdão é uma forma de se atingir a calma e a paz, tanto com o outro quanto consigo mesmo. Em seu livro, Luskin inclusive apresenta nove passos para o perdão.[30]

30 LUSKIN, Fred. *O poder do perdão:* uma receita provada para a saúde e a felicidade. São Paulo: W11 Editores, 2007.

Ferir não é uma opção

A verdadeira vitória em uma discussão
não é você sair com a razão,
é ninguém sair ferido.

Neste livro, um dos meus objetivos é mostrar para você *a importância de não fazer inimigos conscientemente*. Você já terá naturalmente aqueles que não fez e, ainda assim, optaram por ser. Não aja de forma a aumentar esse número propositalmente.

As pessoas adoram uma discussão! Há até mesmo programas de televisão especializados em colocar pessoas para discutirem umas com as outras! Mais de 80% da população mundial está doente emocionalmente. Isso é fato! Augusto Cury afirma em seus livros que: "A humanidade está adoecendo rápida e coletivamente".

Segundo o jornal *O Globo*, em uma reportagem publicada em outubro de 2018, 10 de cada 50 doenças no mundo hoje têm origem emocional: queda de cabelos, úlceras, insônia e problemas na pele são alguns dos vários sintomas psicossomáticos que se tornam físicos na vida das pessoas. Na mesma reportagem, foi revelado que a falta de programas para combater a médio e longo prazo problemas como depressão, ataques de pânico e outras síndromes vão gerar um custo de 16 trilhões de dólares para a economia global entre 2010 e 2030.

Vikram Patel, professor de Medicina na Universidade Harvard, em Boston, avalia que o fracasso coletivo em responder à crise global de saúde psíquica resulta em uma "perda monumental das capacidades humanas" e que uma em quatro pessoas já estão *surtadas* emocionalmente.

Caro leitor, alguém que tenha um nível de pressão emocional tão alto a ponto de desenvolver consequências físicas não consegue se relacionar em paz com aqueles que estão à sua volta. Alguém que esteja lutando contra complexos, angústias, depressão e afins não está apto para "se dar bem" com ninguém.

Sendo assim, lembre-se de que as pessoas difíceis que cruzam o seu caminho no dia a dia podem estar passando por algum dos problemas acima.

Talvez esse seja o motivo de ser tão complexo lidar com pessoas. Cada uma tem sua história, sua batalha íntima, seus fantasmas emocionais.

O livro da sabedoria milenar nos apresenta uma solução para alcançarmos a felicidade: "Evitai que alguém retribua a outrem mal por mal".[31]

E o que podemos concluir disso? Você não tem como impedir que façam mal a você, aquilo que acontece com você não pode ser controlado, é externo! Contudo, suas reações ao mal que lhe é inflingido dependem única e exclusivamente de você, são internas!

OS CONTORNÁVEIS SÃO PEDRAS NO CAMINHO, NÃO VALE A PENA MACHUCAR O PÉ CHUTANDO PEDRAS.

E a sabedoria milenar confirma, em outro texto, que essa é uma escolha individual e interna: "Se possível, quanto depender de vós, tende paz com todos os homens".[32]

Negocie com dólares ou euros. Arrisque-se com bitcoins, mas não brinque com a sua paz! Nada é mais caro que isso. Não vale a pena negociá-la.

Reflita sobre a sua vida e a daqueles que estão ao seu redor: o que um ser humano realmente consegue fazer sem paz?

A PAZ SÓ É POSSÍVEL QUANDO A CAPACIDADE DE PERDOAR TORNA-SE MAIOR DO QUE O DESEJO DE ESTAR CERTO.

Há uma expressão que se tornou popular no Brasil e que é atribuída ao poeta Ferreira Gullar: "Você tem de escolher se quer ser feliz ou ter razão!".

O símbolo de uma vida vitoriosa não é a quantidade de amigos que temos, mas a quantidade de inimigos que fizemos. Não adianta nada ter 10 amigos, se você tem 30 inimigos.

---

31 1Tessalonicenses 5:15.

32 Romanos 12:18.

Por isso, tome nota, destaque, compreenda e multiplique um dos meus conselhos mais importantes deste livro. Trata-se do trecho a seguir da sabedoria, que atravessou milênios e nos ensina:

> Ora, as obras da carne são CONHECIDAS e são: prostituição, impureza, lascívia, idolatria, feitiçarias, INIMIZADES, porfias, ciúmes, IRAS, DISCÓRDIAS, DISSENSÕES, facções, INVEJAS, bebedices, glutonarias e coisas semelhantes a estas, a respeito das quais eu vos declaro, como já, outrora, vos preveni, que NÃO HERDARÃO o reino de Deus os que tais coisas praticam.[33]

Inimizades, iras, discórdias, dissensões, invejas: todas essas *raivinhas* estão na mesma categoria de erros como prostituição, feitiçarias e até homicídios. Ficou claro?

Não alimente inimizades, resolva enquanto é possível.

Não deixe o dia acabar sem resolver as suas raivas.

Acredite, escrevi este livro para ajudar você.

Não fique fora da MAIOR PROMESSA bíblica para os seres humanos, que é o Reino de Deus, por causa de inimizades ou coisas semelhantes.

Este é o tempo! Não deixe para depois. Eu espero por você. Passe a mão no telefone e ligue, ou pelo menos mande uma mensagem, para aquelas pessoas com as quais você precisa fazer as pazes. Talvez você pense ou diga que não tem do que se desculpar, porque foi a pessoa que intentou contra você, mas é aí que voltamos à frase: "Você prefere se feliz ou ter razão?". Neste momento, *ser feliz* equivale a receber a promessa do Reino de Deus. Você prefere receber a promessa ou ter razão?

Veja que Jesus, no livro da sabedoria milenar, também orienta a procurar quem tem algo contra você e buscar reconciliação: "Se, pois, [...] te lembrares de que teu irmão tem alguma coisa contra ti, [...] vai primeiro reconciliar com teu irmão".[34]

---

33 Gálatas 5:19-21 (grifos meus).

34 Mateus 5:22-23.

Nós escolhemos nossas guerras

Quando você propositalmente cria um problema, decide que essa é uma guerra que vai enfrentar. Quando você decide seguir em uma discussão, ESCOLHE, por livre e espontânea vontade, entrar em guerra. Quando alguém faz mal a você e sua retribuição não é com o bem, você OPTA por estar em guerra.

NA PRESENÇA DA GUERRA, HÁ AUSÊNCIA DE PAZ.

Quero lhe fazer uma pergunta que considero crucial: Quanto vale a sua paz? Na minha vida, eu garanto a você, paz não tem preço!

Então, não entre em uma guerra que não é sua. Todos temos problemas na vida, não é justo entrar no problema de outrem sem nem sequer ter resolvido os seus. Estar em paz vale mais que isso! Vale muito mais que "comprar a briga" de alguém, ainda que seja muito querido.

Entenda que não existe relato imparcial. Quando uma pessoa conta algo a você, há um histórico, ou pelo menos uma gama de sentimentos, que faz que essa pessoa tenha entrado nessa guerra. Não cabe a você ser juiz da dissensão que nem sequer é sua.

Atente para o que a sabedoria divina nos diz a respeito disso:

> Não julgueis, para que não sejais julgados. Pois, com o CRITÉRIO com que julgardes, sereis julgados; e com a MEDIDA com que tiverdes medido, vos medirão também. Por que vês tu o argueiro no olho de teu irmão, porém não reparas na trave que está no teu próprio? Ou como dirás a teu irmão: Deixa-me tirar o argueiro do teu olho, quando tens a trave no teu? HIPÓCRITA! Tira primeiro a trave do teu olho e, então, verás claramente para tirar o argueiro do olho do teu irmão.[35]

---

35 Mateus 7:1-5 (grifos meus).

Feitiços

Já reparou nas placas espalhadas pelas ruas das cidades grandes com os dizeres "Trago a PESSOA amada em 3 dias"? Bom, quando eu deparo com uma dessas, particularmente penso que nunca vi uma placa que diga: "Trago o seu carro tão sonhado em 3 dias", ou "Trago a casa de seus sonhos em 3 dias".

Isso acontece porque as pessoas são o alvo dos feitiços, não as coisas. Pessoas possuem emoções e qualquer atividade "espiritual" precisará das suas emoções para surtir efeito.

Escrevo este capítulo enquanto visito a cidade de Kuito, em Angola, na África. Foi aqui que uma guerra civil que perdurou por cerca de trinta anos mais afetou essa gente linda e pacífica. Ainda posso ver pelas ruas o reflexo desse tempo de violência. Prédios fuzilados, casas destruídas e um povo com alto índice de amputação.

Um dia, visitei o hospital da cidade para, por meio de um abraço e de uma oração, oferecer conforto aos que estavam sofrendo. A experiência é agregadora, porém difícil. Triste, na verdade.

Já aprendi muita coisa nestes dias na África. Em Angola, na província de Bié, onde muitas aldeias beiram a miséria, as pessoas sempre têm um punhado de feijão para pagar o feiticeiro local. Sim, o feiticeiro é temido, pois, reza a lenda, ele tem o poder de paralisar a vida de alguém. Sim, paralisar a vida. Veja bem, coisas não têm vida, apenas pessoas.

Feitiço é para PESSOAS! Acredito que você nem imagine por qual motivo o feiticeiro é mais procurado, imagina? A inveja.

É quase inacreditável que em aldeias sem nenhum recurso material existam invejosos fervorosos. Foi aí que descobri que inveja não tem a ver com você ter dinheiro, e sim com você estar feliz.

Pessoas que não se sentem felizes costumam não saber lidar com a felicidade do outro, pois o mundo em geral está triste, elas estão tristes e, então, simplesmente não aceitam que haja felicidade para outros. As comparações entre as pessoas geram insatisfação com a vida dela mesma, o que conduz a diferentes níveis de inveja. Quando chegam ao nível mais alto de inveja, pessoas são capazes de tirar a comida de casa, deixando até mesmo os filhos passarem fome, para fazer um trabalho de feitiçaria contra o alvo de sua inveja.

Inveja, um capítulo à parte[36]

Veja estes famosos trechos bíblicos:

CRUEL é o furor, e IMPETUOSA, a ira, mas quem pode resistir à INVEJA?
Provérbios 27:4

17 Como o povo estava reunido, Pilatos perguntou a todos:
— Quem vocês querem que eu solte: Barrabás ou Jesus, chamado Cristo [c]?
18 (Pilatos tinha perguntado isso porque ele sabia que Jesus tinha sido
entregue **por pura inveja** *19 e porque, quando estava sentado no*
tribunal, tinha recebido um recado de sua mulher, dizendo:
Não se envolva no caso desse homem inocente, pois esta
noite eu tive um sonho horrível por causa dele.)
Mateus 27: 18-19.

"9 Os patriarcas dominados **por forte inveja** *de José, venderam-no como*
escravo para o Egito. Apesar de tudo, Deus estava com ele
10 e o livrou
de todas as suas tribulações, dando a José graça e sabedoria diante do faraó, rei do Egito e de todo o seu palácio."
Atos 7: 9-10.

Recentemente fui dar uma palestra para mais de 3 mil mulheres na cidade de São Paulo, cidade onde vivi por quatro anos. Era um lindo teatro da cidade, daqueles que recebem os eventos mais destacados, e a palestra foi realmente muito badalada.

Comecei minha fala com uma pergunta: "Quantas de vocês já foram invejadas?". Noventa e cinco por cento da plateia levantou a mão e sorriu.

Segui com mais uma pergunta: "E quantas de vocês já sentiram inveja de alguém?". Para essa pergunta, ninguém levantou a mão.

"Pessoal, a conta não fecha!", continuei. Houve nesse momento algumas risadas e muitos rubores.

----

36 Apesar de não ser um novo capítulo deste livro, decidi destacar esse assunto de forma especial, motivo pelo qual incluí o subtítulo dessa forma.

A inveja é algo tão ruim que todos facilmente compreendem que já sofreram ao serem alvo dela. Todavia, as pessoas não confessam que já invejaram alguém exatamente pelo mesmo motivo.

A inveja surge de duas formas: ela pode nascer naturalmente em alguém ou ela pode ser provocada. E quando digo provocada, refiro-me a você mesmo provocar inveja de você em alguém por demonstrar sua felicidade! Por isso, evite expor o que pode provocar esse sentimento destruidor nos outros.

É importante entender que o invejoso não quer ter algo semelhante ao que você tem, ele sequer deseja ter o que você tem (isso seria cobiça), ele quer que você PERCA o que tem por ele não ter.

A mulher invejosa não quer o marido da outra, ela quer que a outra perca a família, seja porque ela não conseguiu formar uma família, seja porque ela considera o próprio marido um traste e o da outra um bom esposo.

Não há motivo específico para alguém ter inveja de você, mas geralmente a inveja está ligada à felicidade que você tem.

Já vi milionários invejarem seus motoristas simplesmente porque eles tinham os filhos em casa vivendo em harmonia, e a fortuna do patrão milionário não era suficiente para comprar o amor de sua descendência.

O grande escritor espanhol José Luis Navajo escreveu certa vez: "Não exponha a sua felicidade por aí. Não se pode andar carregado de joias em um bairro de mendigos".

Existem três segredos para lidar com a inveja:

1. Não seja um provocador de invejosos.
2. Ore a Deus e tenha conhecimento bíblico.
3. Quando for invejado, ataque com o silêncio.

Haters, críticos e afins

Neste momento da história, em que vivemos a Revolução Digital, nasceu uma geração de odiosos virtuais (*haters*). Eu mesmo tenho muitos críticos e alguns *haters*. A internet deu voz aos "profissionais que opinam sobre a vida alheia do sofá". Ao se observar as atitudes e a vida dos *haters*, é possível observar que são comumente pessoas inconscientemente frustradas e emocionalmente doentes. Boa parte dessas pessoas cria perfis falsos para se proteger, como uma armadura emocional, com a intenção de atacar pessoas e não ser descoberta, pois, uma vez descoberta, será exposta, o que acabaria com ela. Assim, um *hater* nada mais é que um ser humano que gostaria de ser o que você é ou fazer o que você faz. Contudo, por estar doente, cria um mundo no qual ele pode ser juiz, julgar e atacar pessoas que fazem algo relevante em suas áreas.

Supostos teólogos que nunca estudaram em universidade alguma, mas corrigem sua orientação teológica quando, aos olhos deles, sua exposição bíblica não foi adequada. Pessoas que estão no terceiro casamento, mas vivem criticando o seu casamento único.

Haters destilam o seu ódio nas redes sociais por meio de palavras de baixo calão, de desmerecimento e de agressões gratuitas. Leva-se um tempo para entender o porquê de aquilo ser dito tão fora de contexto, e qual é a intenção de todos os tipos de agressões.

Bom, Flávio Augusto, um dos grandes empreendedores brasileiros da atualidade e dono do time de futebol Orlando City, postou em suas redes sociais há pouco tempo a foto de um cãozinho lindo e inofensivo com a legenda: "Este é o Totó". Na foto ao lado, colocou a imagem de um cão raivoso, babando e pronto para o ataque, com a legenda: "Este é o Totó com o celular na mão". É exatamente assim!

A proteção que as pessoas sentem pelo fato de estarem "anônimas" por atrás de uma tela de celular revelou o caráter e as doenças emocionais de muita gente.

Se você também já foi vítima desse tipo de ataque, guarde isto: o problema dessas pessoas são elas mesmas e o passado não resolvido delas; o problema não é você! Não se ofenda com as atitudes delas, elas querem apenas se livrar do peso negativo que carregam e acreditam que xingar ou criticar publicamente alguém é uma válvula de escape. Deixe que essas pessoas vivam o drama que é delas, não leve isso para dentro da sua casa. Acredite no que digo: NUNCA vale a pena rebater um crítico ou um *hater*.

É importante ressaltar que, neste capítulo, estou falando sobre gente CONTORNÁVEL, se o seu crítico, por exemplo, é seu pai, um familiar ou seu colega de trabalho, é necessário usar outras ferramentas apresentadas neste livro para encontrar a melhor solução.

O *hater* ou o crítico contornável, ou seja, aqueles com os quais você não é obrigado a conviver, não merecem resposta, pois eles não buscam solução, o que eles desejam é a sua atenção!

Recentemente, um grupo de *haters* se reuniu para me atacar via redes sociais ao mesmo tempo. Entenda aqui que foi um ataque claramente organizado. Discurso de ódio (em nome de Deus, como nos séculos passados), xingamentos e até mesmo ameaças fizeram parte desse ataque.

Em vez de me abalar emocionalmente, comecei a estudar o que estava acontecendo. Foi incrível! Percebi várias coisas, entre elas:

- todos buscavam me "corrigir" , mas nenhum deles o fez em privado. O recurso está disponível, bastaria clicar em mensagens, mas isso deixou claro que eles queriam atacar em público;
- eles não me atacavam em suas próprias redes sociais, eles sequer falavam para o público deles, mas entravam nos comentários das minhas postagens e me agrediam.

Olha como tudo isso é revelador!

E tem mais, um deles colocou exatamente assim: "E esse desgraçado ainda é famoso".

No momento em que li essa mensagem, eu me dei conta de que os *haters* não ofendem com a intenção de levar você a melhorar, nem mesmo para que você pare de fazer o que está fazendo, eles fazem isso com a intenção de ganhar exposição.

Eles querem falar para o seu público, para, de alguma forma, ganhar alguma fama ao manchar a sua imagem.

É claro que aquele que também disse "e ainda é famoso" revelou que estava ali puramente motivado pela inveja! Se eu não tivesse destaque, eles estariam em outro perfil do Instagram xingando "outro famoso" da mesma forma.

Para lidar com os *haters* lembre-se de que:

- Jesus teve mais *haters* do que você;

- o *hater* odeia porque deseja atenção e a sua audiência. Sendo assim, JAMAIS responda a ele. Quem segue você não conhece esses odiosos, mas caso você responda ao *hater* por impulso, estará fazendo propaganda dele gratuitamente.

Encerro o capítulo sobre os contornáveis com mais um conselho:

VALORIZE AS PESSOAS

A HISTÓRIA DE CHARLES PLUMB

Charles Plumb foi piloto de avião durante a Guerra do Vietnã, hoje é um requisitado palestrante motivacional nos Estados Unidos. Em suas palestras, ele conta uma história sobre "quem dobrou meu paraquedas?" e eu preciso compartilhá-la com você.

A história é a seguinte:

Depois de muitas missões, seu avião foi abatido. Plumb saltou de paraquedas. Ele foi capturado e passou seis anos numa prisão norte-vietnamita. Ao retornar aos Estados Unidos, passou a dar palestras relatando a sua experiência e o que havia aprendido na prisão.

Certo dia, num restaurante, foi saudado por um homem, que sorriu, dizendo:

"Olá, você é Charles Plumb, que era piloto no Vietnã e foi derrubado, não é mesmo?"

"Sim, como sabe?", perguntou Plumb, espantado.

"Era eu quem dobrava o seu paraquedas. Parece que funcionou bem, não é verdade?"

Plumb quase se engasgou, tamanha a surpresa, e, com muita gratidão, respondeu:

"Funcionou perfeitamente; caso contrário, eu não estaria aqui hoje. Devo minha vida a você!"

Ao ficar sozinho naquela noite, Plumb não conseguia dormir, pensando: "Quantas vezes vi esse homem no porta-aviões e nunca lhe disse 'bom dia'? Eu era um piloto arrogante, e ele um simples marinheiro aprendiz." Pensou também nas horas que o marinheiro passou humildemente dobrando centenas de paraquedas, tendo em suas mãos a vida de pessoas que ele nem conhecia.

Essa história me faz refletir e questionar: "Quem dobrou *o meu* paraquedas hoje?".

Valorize as pessoas, por mais que você não as conheça ou seja próximo delas, elas podem um dia ser as responsáveis por salvar a sua vida.

Eu posso afirmar que a pessoa que está na sua frente em uma fila de banco, por exemplo, a qual você nunca viu antes, pode no próximo minuto estar com a sua vida nas mãos. Imagine que três assaltantes entrem para roubar a agência bancária e justo você é escolhido para ser o escudo humano quando a polícia chega para o confronto.

O que ninguém tinha ideia é que a pessoa que estava na sua frente na fila era um policial militar à paisana, e, vendo você em perigo, reagiu e neutralizou os bandidos. Sua vida está a salvo agora.

Graças a Deus você não arranjou um problema com ele antes de tudo acontecer.

Na vida, você é conhecido pelos problemas que cria e por aqueles que soluciona. Escolha ser parte da solução.

Pergunta e resposta

1. *Tiago, sou sua seguidora há três meses. Nesse período, aprendi muito sobre vida emocional e princípios espirituais. Porém confesso que é difícil me controlar quando alguém, que é pago para atender os clientes em uma loja, por exemplo, me destrata. Isso é normal ou sou eu quem está doente emocionalmente?*

Cara Rubia T, é normal sentir raiva, o problema é quando não temos o domínio sobre ela. Qualquer emoção que nos domine gera consequências que não podemos prever. Então, por mais que o erro esteja no atendente que tem a obrigação de atendê-la, você precisa ser treinada a reagir conforme a razão orienta, utilizando seus valores como ponto de partida para suas atitudes. Antes de sair de casa, peça ao Espírito Santo para orientar você, peça sabedoria para falar e treine sua emoções a fim de dominar qualquer impulso. Lembre-se: quem domina suas emoções, governa você!

Conclusão

No mundo ideal, não existiriam pessoas contornáveis, porque todos seriam curados e tratados emocionalmente. No mundo real, porém, cada vez mais as pessoas não dominam suas emoções e saem descarregando suas frustrações em cima de outras pessoas.

Por isso, entenda de uma vez por todas que NUNCA valerá a pena chutar pedras que podemos contornar.

Vamos seguir em frente?

> **"A sua paz tem muito valor para você negociar com pessoas baratas."**

Capítulo 4

Teoria 2 em 1

O casamento faz de duas pessoas uma só, difícil é determinar qual será.
William Shakespeare

[...] já não são mais dois, porém uma só carne.
Mateus 19:6a

Viver uma linda história a dois é o sonho de muita gente; todo mundo quer encontrar o amor. Sonhamos em amar e ser amado, viver uma vida de cumplicidade, fidelidade, alegria e descobertas positivas. Ter um final feliz ao estilo de "e eles viveram felizes para sempre" é o modelo que aprendemos nos filmes de Hollywood e nos desenhos da Disney. *Contudo, até mesmo os enredos com finais felizes são construídos.*

Os diretores estudam o roteiro escrito por um profissional, escolhem uma equipe multidisciplinar (cinegrafistas, câmeras, técnicos de som, figurinistas, maquiadores, elenco, coreógrafos etc.), desenvolvem um plano de ação e depois ainda guiam os atores corretamente na cena. O ar-condicionado precisa estar na temperatura ideal, a iluminação deve ser adequada e o cenário, impecável.

Depois da captação das imagens, ainda há um complexo trabalho de pós-produção. A sonoplastia é cuidadosamente escolhida para dar aquele toque final e, quase sempre, a melodia é incrível e romântica, produzindo a emoção necessária para o *grand finale*. Somente dessa maneira se alcança o auge do resultado, o "final feliz".

Agora, pense bem: se até as cenas dos filmes são cuidadosamente construídas para se ter um resultado de sucesso, por que você acha que seria possível alcançar um final feliz em sua vida a dois sem tamanha preparação?

Para que um casamento seja verdadeiramente pleno e traga felicidade aos cônjuges, é preciso construir cenas perfeitas com esforço, ajeitar os ambientes, as falas, os roteiros e até o figurino.

Para que possamos começar a trabalhar melhor as ferramentas e noções práticas que farão com que a TEORIA 2 EM 1 não seja apenas uma teoria, mas uma realidade na sua vida, é preciso, primeiramente, compreender que a base adequada para viver um casamento bem-sucedido vem da consciência de que se trata de um processo de construção contínua, e não de um encontro sobrenatural de duas almas gêmeas que naturalmente se amam, perfeitamente se encaixam e que nunca divergem.

Trata-se de uma construção, e não de mágica.

CASAMENTO É A DIFÍCIL PROMESSA QUE DUAS PESSOAS FAZEM DE VIVER COMO SE FOSSEM SÓ UMA.

Você conhece algum casal que esteja passando pelo divórcio e que tenha se casado por ódio? "Eu odeio esse garoto, então vou me casar com ele!" Isso não existe. Todo mundo que se casa faz isso por amor.

Então, se o "amor é forte como a morte",[37] por que tantos casamentos morrem? E o que dizer das palavras de Paulo, o apóstolo: "O amor tudo sofre, tudo crê, tudo espera, tudo suporta"?[38]

Todas as relações que eu vi terminar pela metade (digo isso porque creio que o casamento foi concebido para durar até a morte de

---

37 Cântico dos Cânticos 8:6.

38 1Coríntios 13:7.

um dos cônjuges; então qualquer rompimento anterior a isso é "terminar pela metade") em algum momento desabaram por não observar os princípios fundamentais da teoria 2 em 1.

A seguir, veremos cada um deles. É importante uma advertência inicial, entretanto.

O aprofundamento de cada princípio a seguir, por si só, daria material para vários livros. A ideia deste capítulo não é exaurir todos os temas, mas, sim, dar um panorama geral e elencar as ideias básicas para que você consiga:

a) diagnosticar em qual princípio exatamente estão as necessidades de aprimoramento da sua relação a dois;

b) posteriormente, procurar desenvolver melhor e de maneira específica os pontos que precisam ser melhorados, inclusive se dedicando ao estudo em livros mais aprofundados sobre cada tema.

O poder da escolha

Desde pequeno, a minha mãe me mandava ir ao mercado para comprar os mantimentos da semana. Ela enviava uma lista anotada em um papel de pão e fazia inúmeras recomendações, como: "Abra a caixa de ovos antes de comprar e verifique um por um para ver se todos estão inteiros" e "Dê uma olhada com calma na cabeça de alho e tenha certeza de que nenhum dente está podre".

O cuidado atento e minucioso na escolha dos ingredientes sempre foi a etapa mais importante para termos um bom prato à mesa. Muita gente "vive com dor de barriga" por não tomar cuidado com o alimento que vai ingerir. Algo podre escondido em uma linda fruta pode causar uma séria infecção!

Agora, reflita: como é possível termos critérios para escolher a comida, mas não para selecionar a pessoa com quem vamos passar a vida toda?

Curiosamente, grande parte das pessoas não é tão criteriosa no momento da escolha de seu parceiro para a vida. É importante lembrar que estar apaixonado não é, por si só, base sólida suficiente para construir um casamento bem-sucedido. Quando a paixão vai embora (e há estudos científicos que comprovam que o estado da paixão é temporário), o que fica? É necessário, portanto, cultivar e nutrir o relacionamento.

Se estiver consciente disso, saberá discernir que, ao analisar seu futuro cônjuge, é importante descobrir quais são suas virtudes e também quais são as características que o incomodam. Do contrário, a convivência se tornará insuportável. Como pastor, também preciso garantir que, sim, Deus pode dar sinais se você está escolhendo a pessoa certa.

Lembro-me de que, logo após dar o primeiro beijo em Jeanine, fui andando para minha casa falando com Deus o seguinte: "Senhor, é ela. Eu quero me casar com ela... Sinto que é ela... e, se ela também Lhe agrada, me dê um sinal: que ela se mude para mais perto da minha casa".

Duas semanas depois, minha sogra me liga perguntando se no sábado eu poderia rodar com ela pelo meu bairro, pois elas estavam pensando em se mudar para mais perto.

Sinais divinos são verdade e nunca saem de moda!

As pessoas às vezes demoram para perceber que prevenir é mais fácil do que remediar... A melhor maneira de evitar um casamento problemático, portanto, é escolher bem e pedir sinais aos Céus sobre sua escolha.

Infelizmente, muitas vezes, só percebemos que não soubemos escolher bem depois que nos casamos. Há solução para esses casos? Sim, desde que os cônjuges estejam verdadeiramente engajados em suprir todos os fundamentos a seguir.

Vou entregar o mapa do tesouro em suas mãos agora, concentre-se.

Mentalidade coerente e prioridade

No mundo real, saber priorizar e respeitar o relacionamento que você escolheu assumir é uma das bases mais importantes para a construção diária do tão sonhado final feliz.

Imagine uma pessoa obesa que decide emagrecer em prol de seu bem-estar e saúde. Caso deseje manter-se assim até o fim da vida, será necessário que ela transforme definitivamente sua mentalidade sobre alimentação e prática de exercícios físicos. Enquanto não abandonar a mentalidade e os hábitos da vida de "gordo", poderá até ter resultados no curto prazo, mas certamente voltará a sofrer ganho de peso com o passar do tempo. É preciso, pois, que aconteça, antes de tudo, uma mudança de dentro para fora. Depois, as ações a serem tomadas em prol do objetivo deverão acontecer, como consequência da escolha em relação à mudança no estilo de vida.

Guardadas as devidas proporções, o mesmo raciocínio se aplica ao casamento. Perceba: *se eu me casei, não convém manter a mentalidade – muito menos os hábitos – de solteiro.* O meu estilo de vida vai mudar, e isso deverá ser consequência da escolha que fiz. Se escolhi dedicar-me à minha esposa, todas as opções anteriores que me desviem dessa finalidade devem ser apagadas definitivamente. Entende?

É preciso, inclusive, que exista um raciocínio preventivo. Isso significa abortar quaisquer alternativas que surjam ao longo do caminho que indiquem possibilidades futuras não contundentes com a escolha da união conjugal. Agir de maneira contrária seria uma grande autossabotagem: você passa a jogar para o time adversário todas as vezes que permite que a bola role solta e sem marcação dentro da sua "grande área".

Quem não quer perder o jogo, antes de tudo, deve evitar de todas as maneiras aquelas situações que favorecem a probabilidade de o time adversário marcar um gol.

"POR ISSO, DEIXARÁ O HOMEM PAI E MÃE E SE UNE À SUA MULHER."[39]

Se, pela instrução milenar, até pai e mãe (aqueles que, por mandamento bíblico, devemos honrar) deixam de ser prioridade frente ao compromisso assumido com o cônjuge, imagine as outras relações!

Por isso, é primordial preservar uma mentalidade coerente com a sua escolha e eleger como prioridade na sua vida tudo o que disser respeito à preservação do seu relacionamento.

Quando alguém decide assumir o estilo de vida a dois, deve viver pelo outro, não mais apenas para as suas próprias vontades. Penso que é exatamente isso que não ficou claro para o pessoal que resol-

39 Gênesis 2:24.

veu *apostar* o futuro juntos. Cartas postas na mesa, mas sem entendimento de que o jogo é de parceria, não individual. Na relação de um casal, você somente tem chances altas de ganhar se completar o jogo do companheiro. Não adianta nada tentar fazer tudo por conta própria ou desmerecer o esforço de quem ganha tudo ou perde tudo com você. Ainda percebo que o egoísmo, o individualismo, é uma tendência entre os casais que me procuram para tentar resolver os seus problemas.

Isso não significa anular a sua individualidade e menosprezar todas as suas vontades próprias. É importante estar preparado, contudo, para entender que haverá sempre a necessidade de conciliação, já que você optou por não seguir mais sozinho a jornada da vida.

De vez em quando a pressão aumenta na relação a dois e muitas "besteiras" podem passar pela sua cabeça. Mas se você tiver escolhido os amigos íntimos certos, um cafezinho bem tomado e um bom papo com sorrisos trocados já aliviam o estresse e colocam novamente seus pensamentos em ordem.

Foco

Muitos atletas querem correr como o jamaicano Usain Bolt. Ele é um dos atletas mais rápidos do mundo e suas técnicas são estudadas por muita gente que ama as corridas de curta distância.

Quando Bolt está na pista, outros atletas também estão. Repórteres e fotógrafos estão presentes para retratar e entrevistar (verdadeiros incontornáveis!). Há *outdoors* espalhados pelo caminho, gente gritando nas arquibancadas e já vimos, inclusive, casos de pessoas maldosas que jogaram garrafas de água no meio da corrida para tentar atrapalhar os atletas.

Existe muita coisa acontecendo ao redor para que esportistas desfoquem do alvo enquanto correm. Mas uma coisa você NUNCA viu Usain Bolt fazer em meio a tudo isso: olhar para o lado. Bolt, inclusive, desenvolveu uma técnica bastante interessante. Ele se dirige à torcida e inicia um tipo de coreografia animada em conjunto com o público. Dessa forma, ele mantém a torcida em atividade uníssona, estreita seu relacionamento formando um vínculo com ela e propicia uma "batida" favorável à sua forma de correr. Como citei antes, ele cria todo o cenário para brilhar!

NÃO DÁ PARA SER 2 EM 1 SE, NA CORRIDA DA VIDA, VOCÊ FICA OLHANDO PARA O LADO E SE DISTRAI.

E lembre-se de que o 2 em 1 vai muito além dos 100 metros rasos, é uma verdadeira maratona! Não se distrair na maratona do casamento é um fator de proteção, desenvolvimento pessoal e longevidade.

Isso nada mais é do que saber manter o FOCO. Se você escolheu se casar, o seu foco, a partir de então, precisa estar na vida a dois. E mais do que isso: não basta ter foco por apenas um dia, um mês, um ano... O seu foco precisa ser consistente, todos os dias. Do contrário, o seu relacionamento estará fadado ao fracasso.

A beleza está naquilo que você investe. Pense sobre isso!

Reciprocidade

Reciprocidade é nada menos do que essencial. Quando apenas um lado está comprometido, o caminho dessa relação é bem sofrido.

Quando apenas um ama, quando somente um lado respeita as regras desse jogo, fica praticamente impossível a manutenção do pacto.

Lembro que, quando era pequeno, em alguns domingos, íamos almoçar na casa da minha avó materna. Vovó Naná, como chamávamos a minha avó Joana, adorava cozinhar para nós.

Apesar de morarem no subúrbio do Rio de Janeiro, meus avós, Valdemar e Joana, mantinham a vida como era na roça. Cultivavam um quintal enorme cheio de árvores frutíferas, como goiabeira, mangueira e pitangueira. Havia também um galinheiro que ajudava a compor o cenário. Os móveis e eletrodomésticos da casa sempre foram os mesmos, desde a minha infância até quando eles faleceram. Mesma geladeira, mesmo fogão, mesma TV. Imagine você que tudo isso tornava aquele local ainda mais bucólico!

O meu avô dizia que tínhamos que ser amigos dos homens que consertavam as coisas, pois sempre íamos precisar de seus serviços. Ele tinha "conta", na qual "pendurava" as compras no açougue, mas pagava à vista o técnico de eletrodomésticos.

Naquela época, não se jogava fora o que se podia manter por toda a vida. **Isso, porém, só funcionava, porque existia uma *via* de mão dupla.** De um lado havia quem quisesse consertar, e do outro a pessoa que sabia resolver os problemas. Entende?

Observe: as duas pessoas envolvidas no 2 em 1 precisam DESEJAR consertar as coisas. A nossa geração resolveu trocar o que está dando problema em vez de consertar. É claro que no mundo de hoje as opções de troca existem em larga escala; é claro que não há os mesmos julgamentos que existiam nas gerações anteriores; é claro que parece que as coisas não foram "feitas para durar" como acontecia antes. Tudo isso tem facilitado a ideia de que a troca substitui muito bem o reparo.

O que nos cabe questionar é se a felicidade está em se conseguir algo novo ou na conquista de terminar com sucesso o que se começou?

E estão os dois comprometidos a fazerem os consertos para o relacionamento a dois dar certo?

Deixe-me fazer mais uma pergunta: o sucesso de um atleta está em terminar a corrida que começou ou em desistir no meio e começar outra corrida?

O grande segredo: nível de entrega

Por que um caso extraconjugal ACONTECE mesmo sendo secreto, perigoso e malvisto por todos? Porque os amantes agem como se fossem um e estão *determinados a fazer dar certo*! Os dois estão completamente unidos em um só desejo, uma só motivação e estão no nível 10 de entrega. Vi isso de forma recorrente ao longo dos anos de atendimento a pessoas envolvidas em relações extraconjugais. É uma pena que certas pessoas acabem utilizando o nível máximo de entrega para o que prejudica no longo prazo, em vez de usá-lo para fortalecer o compromisso já assumido.

O mundo real é um ótimo parâmetro de medida e meta nesse caso: tudo que deu certo, seja no mundo empresarial, esportivo, financeiro ou familiar teve um nível altíssimo de entrega por parte dos envolvidos. Estou convencido de que sorte não existe. O que existe é dedicação, entrega pessoal, para fazer dar certo.

Pare e reflita sobre sua vida agora. Seja sincero consigo mesmo: de verdade, de 0 a 10 qual é o seu nível de entrega para o seu relacionamento 2 em 1? E o do seu cônjuge?

Acredite, isso determina se vocês vão vencer ou perder na vida a dois. A boa notícia é que essa é uma decisão consciente; ou seja, se os dois quiserem, é possível aumentar o nível de entrega conscientemente. E a chave para fazer isso juntos é o diálogo.

Como? A partir dos alinhamentos essenciais, que são o próximo fundamento.

Alinhamentos essenciais

Como podem querer ser felizes a dois se, quando se casaram, vocês esqueceram de avaliar que:

- a criação de vocês foi diferente?
- um pode ter passado fome na infância enquanto o outro teve vida farta?

- um estudou nos melhores colégios enquanto o outro nem ao menos terminou o ensino fundamental?
- um foi criado com pai e mãe, e o outro foi abandonado?
- um tem fé para mover montanhas ao passo que o outro não acredita em nada?

É preciso entender que padrões de vida diferentes geram visões de futuro opostas. Cada ser humano tem a necessidade de ser atendido em uma área específica quando se trata de relacionamento.

NA VIDA TUDO É UM RISCO, MAS NÃO ALINHAR O RELACIONAMENTO A DOIS É ARRISCAR DEMAIS.

Na construção de uma relação de vida 2 em 1, é necessário compreender o que são e quais são as exigências *gerais* e as *específicas*.

Geral é aquilo que todos esperam, é uma concordância coletiva, um paradigma social. Fidelidade é uma exigência geral, por exemplo. *Específico* é o conjunto de coisas que são importantes para cada cônjuge, que variam de acordo com a criação, as frustrações do passado, as expectativas de futuro etc.

Por exemplo, vejamos a noção de fidelidade. Por mais que os seus conceitos, em geral, talvez sejam compreendidos, também há significados específicos a seu respeito que podem variar de uma pessoa a outra. Ao descobrir que seu esposo passou a noite inteira num jantar conversando e confidenciando segredos a outra mulher, uma esposa pode se sentir traída. Por isso, é fundamental compreender o conceito para além de seu significado geral: é preciso compreender o que seu parceiro entende como regras específicas daquele conceito geral. Veja outros exemplos:

Regras gerais *versus* regras específicas

ÂMBITO GERAL	ÂMBITO ESPECÍFICO
Fidelidade	Pode significar mais do que simplesmente abster-se de ter relações físicas reais com outras pessoas. Por exemplo: não flertar nas redes sociais; ter noções de distância saudável com pessoas do sexo oposto; agir sempre como se o seu cônjuge estivesse presente etc.
Cumplicidade	Pode significar mais do que simplesmente apoiar sonhos e projetos. Por exemplo: não fazer nada escondido; não expor e nunca falar mal do outro para outras pessoas etc.
Respeito	Pode significar mais do que simplesmente consideração. Por exemplo: nunca deixar o outro com a sensação de que está falando sozinho; não proferir palavrões nem ofensas; descolar dos "pais" e assumir o papel de casado etc.
Integridade	Pode significar mais do que honestidade. Por exemplo: pagar sempre todas as contas em dia; honrar todos os compromissos assumidos etc.
Carinho	Pode significar mais do que a demonstração física ou verbal de afeto. Por exemplo: lavar a louça, tirar o lixo, deixar um bilhete, fazer massagem nos pés, escutar, chamar para sair etc.

É IMPORTANTE O CASAL CONVERSAR SOBRE SEUS VALORES BÁSICOS E DIALOGAR SOBRE COMO ENXERGAM AS REGRAS GERAIS EM REGRAS ESPECÍFICAS.

Afinal de contas, o que faz uma pessoa se sentir amada e respeitada não é necessariamente a mesma coisa que faz a outra pessoa da relação se sentir assim. Pessoas são diferentes!

A partir de então, o casal deve negociar um método para respeitar a personalidade e o ponto de vista de cada um e chegar a um consenso sobre quais serão as regras (gerais e específicas) de seu casamento. Isso evitará muitas discussões desgastantes e unirá os dois ainda mais.

[...] SERÃO OS DOIS UMA SÓ CARNE. DE MODO QUE JÁ NÃO SÃO DOIS, MAS UMA SÓ CARNE.[40]

Bom, transformar duas histórias em uma (como apregoa o ensinamento bíblico) não é um trabalho fácil e rápido. Contudo, segundo a sabedoria milenar bíblica, é possível. A grande pergunta é: como?

A única forma natural que conheço de dois se transformarem em um é com o nascimento de um filho. DNA e genes paterno e materno estão ali. Os olhos da mãe, os cabelos do pai, o jeitinho de um, o temperamento de outro. Se, porém, pensarmos na convivência diária do casal, como realmente dois se tornam um?

PESSOAS SÃO ASSIM

No filme *O menino que descobriu o vento*, vi uma cena que me fez rir e chorar ao mesmo tempo. O menino William, personagem principal, consertava rádios e toca-fitas quebrados com pouquíssimos recursos. Certo dia, ele estava no telhado da casa consertando um vazamento quando um vizinho, que era seu cliente, chegou cobrando a devolução de seu aparelho consertado:

– Ei, rapaz, cadê o meu rádio? Desta vez ficou pronto?

– Desculpe, senhor, preciso de mais um dia para concluir o serviço – disse o menino.

---

40 Marcos 10:8.

O senhor então sai resmungando:

– Isso não se faz, por causa de você vou ficar mais uma noite sem o meu rádio e terei que ficar conversando com a minha esposa.

Pessoas são assim: se casam por paixão e deixam de investir na relação; depois, o simples fato de conversar torna-se um fardo!

Para se tornar um, um casal precisa dedicar um ao outro o que tem de mais precioso: o tempo (discuto melhor sobre esse bem precioso no meu livro *O maior poder do mundo*). E o tempo precisa ser de qualidade, aquele que realmente é dedicado em prol do outro. A melhor forma de investir tempo de qualidade é conversar! Falar e ser ouvido; estar atento e disponível para ouvir o outro.

O desgaste da semana de trabalho, as feridas do passado, a falta de tempo no presente, as expectativas de futuro, tudo isso pesa, e muito, na hora de se ter uma boa prosa. Sem esse laço tão necessário, as pessoas da rua começam a parecer mais interessantes do que aquelas que temos em casa. Nossa mente fica viciada em prazeres externos e esquecemos com facilidade do que lutamos tanto para conquistar.

CONVERSAR PODE SER UMA TAREFA DIFÍCIL E CANSATIVA ENTRE DUAS PESSOAS.

O casamento é um dos relacionamentos mais importantes da sua vida (para não dizer o mais importante) e tem relação direta com a sua felicidade no curto, médio e longo prazo. Quanto, pois, merece da sua energia e de seu investimento? Muito! Manter o amor vivo exige intenção e dedicação.

Portanto, vença suas barreiras, seu orgulho, sua preguiça e lute pelo seu casamento. Tenha paciência, discernimento e inicie um diálogo saudável.

O básico dos alinhamentos

Dos vários aspectos em que existe necessidade de alinhamento, há alguns muito básicos que não podem fugir da sua atenção. São eles:

Expectativas

Frustrações passam a ser inevitáveis quando falta um bom alinhamento de expectativas. O que vocês esperam da vida comum? Aonde esperam chegar? O que é fundamental para que o relacionamento de vocês possa ser considerado "bem-sucedido"? O que faz vocês felizes? Um dos principais erros dos casados é que eles vivem expectativas diferentes sobre o relacionamento e seu futuro.

Ideologias

No mundo de hoje, estamos divididos por ideologias. Direita ou esquerda; LGBTQ+ ou família tradicional; a favor do porte de armas ou contra a violência; calvinismo, arminianismo ou qualquer outra teologia. Política, religião e outros fatores culturais têm separado as pessoas. Às vezes, as mais próximas inclusive. Na vida 2 em 1, alinhar ideologias é muito, mas muito importante mesmo.

Tive o privilégio de me casar cedo com Jeanine, como eu já mencionei, então basicamente formamos juntos a nossa forma de pensar. Com isso, pensamos bem parecido sobre muitas coisas nesta vida. Há coisas para as quais literalmente não estamos nem aí, às quais não nos atemos tanto, pensamos tão parecido em relação a ideologias que algumas até nos fazem rir.

Quanto à ideologia, não estou dizendo que existe a certa ou a errada, mas que, se possível, o casal deve ficar do mesmo lado ou de lado nenhum. Dessa forma, estarão juntos.

Agenda

A agenda de uma vida 2 em 1 deve ser única. Não me refiro à agenda do dia a dia e nem aos objetivos profissionais, mas a agenda de vida, metas e objetivos. O que fazer nos próximos cinco anos? O marido responde: "Em cinco anos, quero morar na Inglaterra e concluir meu mestrado". A esposa contesta: "Vá com Deus!". Esse casal tem chances de dar certo? Poucas!

Jeanine tem os seus próprios compromissos durante o dia. Ela tem sua agenda mensal de reuniões na escola das crianças, visitas de trabalho e seus dias de cuidado pessoal, como ir ao salão de beleza, *spa* etc. A minha agenda de trabalho e os meus compromissos mensais são totalmente diferentes dos dela, mas a nossa agenda de vida é alinhada. Planejamos o futuro juntos, sonhamos os próximos anos lado a lado.

Estilo de vida

Esposa *fit*, marido glutão. Um aventureiro, o outro caseiro. O ditado popular pode até afirmar que "Os opostos se atraem", mas um estilo de vida completamente diferente causa mais rupturas do que atração. Imagine se sua esposa é baladeira e você é do estilo filminho debaixo do edredom?

Eu amo viajar para conhecer novos lugares e culturas. Sempre que tenho um tempo na agenda, encontro uma forma de ir a uma nova cidade e aprender algo diferente. Quando Jeanine e eu viajamos juntos, o ritmo é idêntico. Desenvolvemos o mesmo estilo, gostos parecidos. Divergimos em algumas coisas, é claro.

Acho que os anos de convivência nos fizeram desejar as mesmas coisas.

Queremos descansar até tarde, acordar e tomar um excelente café da manhã, seja no hotel ou na melhor cafeteria da cidade. Passear por um ou dois lugares pela manhã e ir a um restaurante pré-selecionado pela internet ou que foi indicado por amigos. À tarde, descansar mais um pouco, e por volta das 5 da tarde tomar outro bom café. Temos um ritmo desacelerado quando estamos em viagem a passeio.

Já em casa, como o dia sempre é corrido e agitadíssimo, para mim é importante ter as refeições juntos. Jantar sentado à mesa e conversando sobre a vida.

Um estilo de vida alinhado evita as pedras do caminho. Afinal, *não tropeçamos em montanhas, mas nas pedrinhas.*

Inimigos do casamento

Assim como acontece nos filmes de Hollywood e nos desenhos da Disney que citei no começo deste capítulo, sempre há um inimigo à espreita. Assim como nos longas, no casamento não é fácil identificá-los se não ficarmos bem atentos: o casamento tem inimigos. Os arqui-inimigos do 2 em 1 são fatores que potencializam muito as chances de insucesso do matrimônio. Se você tem foco e não quer dar sopa para o azar, muito cuidado com os aspectos a seguir.

Segredos

A SENHA DO BANCO OK;
A DO CELULAR, NEM PENSAR!

Em um pacto 2 em 1, não se pode ter segredos. Sei que o assunto é delicado, mas no mundo real segredos matam acordos e promessas. Um cônjuge pode se sentir traído ao descobrir o segredo do outro e isso matará a relação. Confiança é um elemento-chave para o sucesso do casamento; e uma vez quebrada, é a coisa mais difícil de se restaurar.

Como Jeanine e eu começamos a vida cedo e juntos, não tivemos muitos dilemas. Quando começamos a namorar, ela tinha 15 anos e eu, 22. Casamos dois anos e meio depois. Não sabíamos nada da vida. Aprendemos tudo juntos.

Aprendi com meu pai, militar e pastor, a honrar os pactos que fazia, principalmente o mais importante deles (o do nosso casamento), resolvi viver sem ter nada a esconder. Acredite, no mundo ideal é lindo ser íntegro. No mundo real, é difícil e constrangedor. Trazer à luz o que estava na escuridão é doloroso. Esta, porém, é a única forma de se manter no pacto.

Não existem seres humanos perfeitos. Alguém sempre vai errar. Por isso Jesus nos perdoou primeiro, para podermos tê-lo como exemplo e aprender a perdoar também. Acredito que o "pecado" maior não é errar, mas esconder o erro. Por isso evite segredos. Na verdade dá para escrever outro livro somente sobre esse assunto.

Comparação

A comparação é a grande estratégia para se tornar uma pessoa triste e infeliz. Se você tem a intenção de ficar depressivo, basta comparar o seu carro com o do vizinho, a sua casa com outra do bairro, o seu emprego com o de alguém da sua família, o seu corpo com o de alguém que você segue nas redes sociais.

É inevitável fazermos uma comparação ou outra. O problema está em passar a vida se medindo pela vida dos outros. Isso vai destruir o seu pacto 2 em 1. Casamento não pode ser medido pela realidade de outro casal. JAMAIS.

Cada um tem a sua história, e a maioria dos problemas jamais são expostos publicamente. O que você vê dos casais perfeitos no Instagram é apenas o que eles decidem postar, não a verdade do dia a dia. Ainda que postem "suas dores", sempre são vidas parciais. Rede social não é vida real. Há quem diga uma frase interessantíssima, inclusive: "Rede social é para o lado bom da vida mesmo. Para o choro já existe o Muro das Lamentações".

Não entender que, muitas vezes, as formas de pensar feminina e masculina são diferentes

Certa vez, recebemos um casal muito especial em nossa casa. Estávamos prestes a fechar um grande negócio com a empresa deles e preparamos um jantar para estreitarmos a amizade.

Tivemos duas horas de risadas e muita conversa. Depois de um café e da despedida, fechei a porta de casa, olhei para a Jeanine e disse:

"Esse cara é rico demais. Você também já ouviu dizer que ele tem um jato particular? Ele ganhou o prêmio mundial de não sei o quê..."

Jeanine riu como se não tivesse escutado o que eu disse e falou:

"Recomendei a nossa dermatologista para a esposa dele. A pele dela estava estranha."

Conclusão: mesma cena, percepções completamente diferentes.

O homem normalmente presta atenção no status. É bastante provável você ouvir as seguintes frases vindas de um homem:

- Viu o carro do fulano?
- Ele é diretor de multinacional!
- Ele tem conta naquele banco de investimentos.
- Nem acredito, mas ele é amigo do sicrano.
- Poxa, ele vai trabalhar de helicóptero nas sextas-feiras.

Dificilmente um homem fala o seguinte de outro quando o conhece: "Esse cara é meio careca ou está barrigudinho".

A mulher, muitas vezes, presta atenção na estética. As conversas femininas costumam ter frases deste tipo (obrigado pelas dicas, Jeanine):

- Viu aquela pele, menina?
- Bolsa Channel, uau!
- Como ela consegue ficar tão magra?
- Gente, e aquele cabelo?

Não quero generalizar. É óbvio que existem homens e mulheres diferentes e nem sempre a regra geral se aplica. O que importa destacar aqui é a percepção daquela ideia já muito bem trabalhada na obra clássica *Homens são de Marte, Mulheres são de Vênus*.[41]

Não raro, ouço casais em crise e a mulher comumente apresenta a expectativa de que o homem adivinhe seus pensamentos e desejos.

---

41 GRAY, John. *Homens são de Marte, mulheres são de Vênus*: um guia prático para melhorar a comunicação e conseguir o que você quer nos seus relacionamentos. Rio de Janeiro: Rocco, 1992.

Já o homem reclama que faz de tudo, mas que a mulher permanece com cara amarrada afirmando que "não há nada de errado" quando, obviamente, isso é uma mentira.

Quando entendemos o mundo oposto que naturalmente vivemos como homens e mulheres, já começamos a dar alguns passos em direção à vitória, porque entendemos que o outro nem sempre tem a percepção de que está deixando a desejar conosco (e que a recíproca pode ser verdadeira). Maturidade é uma coisa importante para quem vive a teoria 2 em 1.

TODO MUNDO TEM DEFEITOS, NÃO ESPERE QUE SEU PARCEIRO DE VIDA SEJA PERFEITO.

Falta de disciplina

Há muita comida gostosa nesta vida, mas a maioria das coisas que nos dão prazer em comer também engordam e afetam negativamente a saúde. Sou amante de pizza, cheeseburguer, e sorvete é uma sobremesa que sempre cai bem. Se, porém, eu ceder a isso tudo, o tamanho das minhas roupas vai aumentar e minha glicose disparará.

Vimos que focar em uma coisa é saber dizer não para todas as outras. Disciplina é se manter, consistentemente e dia após dia, no foco da vida a dois. A vida é como uma bifurcação na estrada: você precisa decidir se vai para a direita ou para a esquerda. Não dá para pegar os dois caminhos ao mesmo tempo. E só chega ao destino final quem percorre o caminho todo. Disciplina é a ferramenta que garante que vocês chegarão aonde quiserem.

QUEM VIVE SEM DISCIPLINA MORRE SEM DIGNIDADE.

Problemas na vida sexual

Cerca de 60% dos homens que me procuram para contar sobre uma insatisfação no casamento relatam problemas com a intimidade sexual.

Homens querem sexo, mas não são pacientes e, às vezes, nem habilidosos no assunto. Em geral, mulheres não querem tanto como os homens, mas exigem um envolvimento emocional maior do que o físico.

A intimidade sexual é a lareira que mantém o relacionamento aquecido. Uma vida sexual problemática ou insatisfatória, cedo ou tarde, leva ao fim do casamento. É importante entender que a satisfação sexual mútua não é automática e que os dois devem encarar esse assunto como prioridade. Por mais embaraçoso que pareça no início, o casal terá que falar abertamente sobre isso se quiser viver bem.

Muitos casais vão mal na vida sexual porque não têm disciplina para se alimentar e se exercitar e a falta de flexibilidade, preparo físico e disposição fazem que tudo fique mais difícil. Há também os que permitem que a rotina, a falta de tempo e o cuidado com os filhos invadam a prioridade que é manter a vida a dois aquecida. Outros, por não terem uma disciplina moral, estão viciados nos prazeres virtuais. Para estes, o sexo real fica chato e sem graça. Alguns homens, por causa do excesso de pornografia, preferem literalmente masturbar-se no banheiro a procurar a esposa que está disponível no quarto. Uma triste realidade!

Seja como for a sua realidade, esteja ciente de que o sexo é uma experiência de conexão complexa, é a união de corpo, alma e espírito que consubstancia o auge da intimidade. Vivenciar essa troca em plenitude une e fortalece o casal. Conversem sobre isso, busquem conselhos sobre o assunto, caso precisem. Procurem por um médico se houver indícios de que algo está errado. Vale a pena!

Dinheiro

É preciso planejamento para lidar com as finanças do casal. A partir do momento em que vocês transformam 2 em 1, não é mais "seu dinheiro" ou "meu dinheiro", agora se trata do "nosso dinheiro".

Para tanto, faz-se necessário discutir abertamente aspectos que, para alguns, podem ser delicados: quanto cada um ganha, como serão os gastos do casal e quais serão as prioridades a partir de então. É possível definir quem cuidará da contabilidade, quem ficará responsável por pagar as contas e como as decisões financeiras serão tomadas.

Por exemplo, aqui em casa, eu sou responsável por 90% das entradas financeiras, Jeanine também contribui com entradas por causa de sua loja on-line. Contudo, quem gerencia nossas finanças é ela. Ela administra as contas de casa, as transferências bancárias. Em conjunto, nós decidimos como faremos investimentos para o futuro.

É muito importante o casal definir quem faz o que na vida financeira a dois.

Caso precisem de ajuda, não deixem de procurar formações no assunto para manter o controle saudável dos números do casal. Crises financeiras graves têm o poder de abalar até mesmo os casamentos mais fortes.

Não tenha vergonha de procurar ajuda

Em uma de minhas *lives* no Instagram, uma mulher me perguntou: *"Tiago, sou casada há trinta anos e não sei quanto o meu marido ganha de salário, não sei a senha do celular dele, e esse homem nunca compartilha uma decisão comigo. O que eu faço?"*

Respondi com outra pergunta: "Trinta anos se passaram e só agora você está buscando ajuda? Bem, antes tarde do que nunca".

É muito importante que, caso você não consiga resolver as situações sozinho, não hesite em pedir ajuda. Não espere estar afogando para vestir seu colete salva-vidas.

No maravilhoso mundo ideal, os casais se amam apaixonadamente. Fidelidade e cumplicidade são a base desse amor. O pai é atento ao cuidado dos filhos e é o provedor da família. A mãe, sempre educadora, gentil e feliz, é o equilíbrio desse lar.

Contudo, no injusto mundo real, o marido, que prometeu no altar ser "fiel na alegria e na tristeza, na riqueza e na pobreza, na saúde e na doença, por todos os dias até que a morte os separe", agora está distraído com a *fulaninha* do trabalho ou com conversas secretas no WhatsApp e pornografia. Ao menor sinal de discussão cotidiana, ele já ameaça sair de casa. É dessa forma que ele permite que a insegurança reine nesse lar que deveria ser um porto seguro.

Quanto aos filhos, eles não são obedientes como nos comerciais de margarina e causam sérios problemas em casa. A esposa, já cansada e frustrada de ver seus sonhos cada vez mais distantes, começa a pensar em todas as rotas de fuga possíveis.

Aceitar que a sua vida não é perfeita e que viver a dois tem sido um peso gigante pode ser o início de uma mudança, de uma verdadeira guinada de 180°. Por outro lado, disfarçar, fingir que tudo vai melhorar por conta própria, como que "do nada" e nunca pedir ajuda foram as atitudes de todos os que tiveram relacionamentos fracassados.

Seja para profissionais ou para um guia espiritual, reafirmo e peço que você tome nota disto: RECONHEÇA quando chegar a hora de pedir ajuda.

Personal trainer

Infelizmente perdi muito tempo indo à academia e treinando da forma errada. Gastei com a matrícula e as mensalidades da academia, gastei uma hora diária do meu precioso dia e tive que vencer a procrastinação. Tudo isso para nada, foi em vão. Os resultados nunca vieram. Pior que isso: comecei a ter dores nas costas que nunca havia sentido.

Tudo ficou claro para mim quando, certa vez, estava na academia me exercitando em um aparelho de trabalhar os ombros. Um instrutor se aproximou de mim e perguntou: "Há quanto tempo você faz esse exercício assim?". De pronto, sorri e respondi: "Há meses!".

Ele fez um sinal de repreensão com a cabeça e me explicou o quanto aquilo estava afetando minha postura. Era por isso, então, que eu tinha dores nas costas!

Nesse dia, eu compreendi: todo o meu esforço de treinar seria em vão se eu não tivesse um *personal trainer,* alguém que conhecesse o passo a passo dos exercícios e as formas corretas de utilizar os equipamentos.

Na vida 2 em 1, também deveríamos ter essa figura. Alguém que pudesse nos instruir em *como fazer*. As melhores indicações para assumir esse papel são os terapeutas, os pastores, os parentes mais sábios. Há sempre alguém por perto a quem podemos pedir ajuda.

Lembre-se de escolher com cuidado e sabedoria quem terá acesso à sua intimidade, mas é uma escolha necessária! A coragem para gritar por socorro é o que nos falta muitas vezes. A maioria das pessoas prefere fingir que está tudo bem quando vai à academia. Ainda que não tenha a menor ideia sobre o que fazer e como usar os aparelhos de maneira adequada, prefere se submeter ao alto risco de sofrer uma lesão do que buscar o treino correto, com o profissional certo, a fim de obter os resultados sonhados.

"HÁ PESSOAS QUE NOS ROUBAM,
OUTRAS QUE NOS DEVOLVEM."

PADRE FÁBIO DE MELO

O tempo pode ser necessário

O tempo não cura tudo, mas pode sarar muitas coisas. Nem sempre os problemas da convivência conjugal se solucionarão rapidamente, por isso é preciso ter paciência. A maioria das pessoas gostaria de ter uma "vida tranquila", em que tudo é previsível. É preciso entender, porém, que, como acontece em um monitor cardíaco, o indicativo de vida não é a monotonia da linha reta. Há certeza de vida quando há altos e baixos.

Saber esperar a fase do baixo passar a fim de voltar a subir é uma dificuldade para o ser humano. Contudo, muitas vezes essa é a única forma de se enfrentar um problema.

Minha esposa e eu já passamos por quatro gravidezes. Ir ao hospital é praticamente um *hobby*! (Isso sem contar as idas de rotina ao médico para levar as crianças.) As filas de espera são inevitáveis. Então, sempre levo um bom livro ou uma palestra no celular.

Certa vez, fiquei cerca de duas horas sentado na recepção do pronto atendimento lendo o livro da vez e esperando para o José ser atendido. Foi então que a Jeanine me chamou e disse: "Vamos para casa!".

Como eu estava concentrado na leitura, perguntei surpreso: "O que houve?".

Ela sorriu e disse: "Já fomos atendidos. José está medicado. Tudo em ordem. Vamos?".

Naquele dia, uma ficha caiu:

SE ESPERAR É O ÚNICO JEITO, ENCONTRE UM "ANALGÉSICO" PARA O TEMPO PASSAR SEM DOR.

Entendeu?

O 2 em 1 é a forma de relacionamento mais intensa que existe, e ele foi designado para durar até a morte. Na maioria das vezes, parece que o melhor é desistir, mas isso não é verdade. Intensifique as demonstrações positivas. Lute. Grandes conquistas não são alcançadas com facilidade, mas com suor e investimento de energia. Se você quer salvar o seu casamento, DEMONSTRE isso. Se você quer dizer que ama, GRITE isso. Intensifique! Intensifique!

LUTE PARA FAZER DO 2 EM 1 O SEU LUGAR FAVORITO.

Pergunta e resposta

1. *Tiago, sigo você nas redes sociais há mais de dois anos. Entendo o valor de se ter um bom relacionamento a dois. Mas meu marido não é comprometido como eu sou. Ele parece guardar segredos, não melhora em coisas básicas, parece que a qualquer momento vou receber uma notícia devastadora ou descobrir algo avassalador. Não consigo viver nessa tensão. Qual é o seu conselho?*

Bom. Obrigado por seguir nossas redes sociais. Se você está todo esse tempo me acompanhando, certamente já me escutou falar sobre "alinhamento de expectativas". A mulher e o homem casam por motivos bem diferentes e esperam coisas opostas. Dificilmente alguém antes de se casar alinha com o futuro cônjuge o que espera do futuro. Simplesmente nos apaixonamos, dizemos que amamos e vamos para o altar. Em nossa cabeça, tudo vai se ajeitar depois com amor. Mas as estatísticas de divórcio revelam o nível de más escolhas que temos feito como seres humanos, ou o nível de intolerância e de falta de persistência.

Eu conheço algumas formas de ALINHAR um marido. Mas a que eu quero lhe indicar hoje são apenas duas: faça-o ter uma experiência com Deus. Não falo de religião, mas como nasci e me criei na igreja evangélica, nunca vi um homem "torto" ter uma experiência com Deus e continuar da mesma forma. Não costumo espiritualizar as coisas, mas aqui não tem jeito. Há coisas em um homem que somente o Espírito Santo transforma. Em segundo lugar, incentive-o a mudar o grupo de amigos. Sim, as pessoas com quem andamos determinam as nossas expectativas. Quando ele começar a andar com homens que amam e honram suas esposas, com homens que valorizam seus filhos, automaticamente será moldado pelo ambiente.

Por fim, não desista. O que Deus uniu, não separe o homem!

Conclusão

Neste capítulo, aprendemos coisas essenciais sobre o relacionamento interpessoal mais importante, o conjugal, com a teoria 2 em 1. No mundo ideal, eu jamais precisaria abordar esse assunto, já que todas as relações matrimoniais certamente terminariam apenas com a morte de um dos cônjuges, que deixaria em sofrimento o viúvo, tamanho amor e cumplicidade que havia entre eles. No mundo real, contudo, observamos cada dia mais o divórcio assolando as famílias mundo afora.

Por esse motivo comecei o capítulo refletindo que a nossa escolha do parceiro de vida precisa ser cuidadosa (ponto 1). Isso nos levou a lembrar o quanto é importante ser coerente e priorizar a relação assumida (ponto 2) e mantê-la em foco, para que seja sadia (ponto 3). Assim, para que o seu 2 em 1 funcione, algumas coisas são essenciais: a reciprocidade (ponto 4) e o alinhamento (ponto 5). Entre as coisas mais importantes de serem alinhadas, apresentei o be-a-bá: expectativas, ideologias, agenda e estilo de vida.

Lembrei você também de que é necessário estar atento aos inimigos do casamento (ponto 6): segredos, comparação, não entender as diferenças de pensamento, falta de disciplina, problemas sexuais e dinheiro. Dessa forma, para cuidar bem da sua relação, é importante cercar seu 2 em 1 de pessoas que possam ajudar, e às quais você não tenha vergonha de recorrer (ponto 7).

Finalizei o capítulo com o entendimento de que o tempo é necessário e, por isso, devemos ser pacientes, pois o casamento é uma relação que foi sonhada para durar por toda a vida (ponto 8).

> "Na prosperidade nossos amigos nos conhecem. Na adversidade nós conhecemos nossos amigos."

Capítulo 5

Ladrões da alegria, sequestradores da felicidade

Alguns causam felicidade aonde quer que vão;
outros, quando se vão.
Oscar Wilde

Como você aprendeu até aqui, o caminho da vida é permeado pelo relacionamento com pessoas.

Algumas delas atravessam nossa existência e nos trazem sofrimento. Outras cruzam a nossa jornada e fazem brotar sorrisos e arrepios no corpo.

Certamente essas descrições fizeram você se lembrar de alguém neste exato momento: hmmmm... A que memória seu cérebro remeteu? Qual foi o sentimento que surgiu? Você suspirou (Ah, que saudade!) ou expirou (Sai, coisa-ruim!)?

Em 2015, a Disney Pixar lançou a animação *Divertida Mente*, mais um daqueles longas infantis que ensinam grandes lições aos adultos. Se você ainda não assistiu, assista! O enredo conta a história da pré-adolescente Riley, de 11 anos, que muda de cidade com os pais e vê sua vida se transformar. O mais interessante, contudo, é que a história da menina é contada por meio de suas emoções: Alegria, Tristeza, Medo, Nojo, Raiva – as personagens centrais.

Ao ser entrevistada pela revista *Saúde* sobre o que podemos aprender a respeito de nossas emoções com o longa, a neuropsicóloga Cleide Lopes, do Centro de Longevidade do Hospital 9 de Julho, de São Paulo, disse: "Todas as recordações que temos, sejam elas boas ou ruins, trazem consigo sentimentos".[42]

Assim como acontece em *Divertida Mente*, as pessoas que passaram pela nossa história também acabam tendo terrenos a construir ou a vender no condomínio de nossas memórias.

Como já dissemos antes, infelizmente não estamos no mundo ideal! Neste mundo real, convivemos com uma variedade de pessoas tóxicas e complicadas. Algumas delas são invejosas, outras vingativas. Há também as orgulhosas, as procrastinadoras, as preguiçosas, e até *aquelas que odeiam você pelos mesmos motivos que outras amam*. Reforço, ainda, que algumas conseguem reunir mais de uma dessas más qualidades!

Veja que, desde que o mundo é mundo, esse tipo de pessoa existe! No livro da sabedoria milenar, já era necessário instruir o povo acerca disso: "nenhum de vós pense mal no seu coração contra o seu próximo [...]".[43]

Não é surpresa, então, que em nossos dias também haja os ingratos, os indiferentes, os perturbadores da paz, os perseguidores, os mentirosos, os falsos, os hipócritas, os que se fazem de vítima o tempo todo, os irresponsáveis, aqueles que nunca correspondem às expectativas, o ladrão de influência e a classe mais comum e sorra-

---

42 Veja a reportagem completa em: <https://saude.abril.com.br/bem-estar/9-coisas-que-o-filme-divertida-mente-nos-ensina-sobre-o-cerebro-e-as-emocoes/>. Acesso em: 15 jul. 2019.

43 Zacarias 8:17.

teira: os traidores, os famosos "Judas". Claro, existem ainda diversos outros adjetivos negativos e nomenclaturas que poderiam ser usados, mas estes que acabo de citar nos ajudam a imaginar o tamanho de nossa luta diária para manter bons relacionamentos com outros.

LIDAR COM PESSOAS NÃO É TAREFA FÁCIL. VERDADEIRAMENTE, É UM DESAFIO!

Cada ser humano é repleto de diferentes valores, cultura e história de vida. As experiências pelas quais cada pessoa passa definem como ela interpreta o longo caminho na terra dos viventes.

Uma constatação impactante é saber que, em meio à crise mundial de 2008 – que teve seu marco inicial em 15 de setembro daquele ano, nos Estados Unidos, após o colapso causado pela bolha especulativa do mercado imobiliário, levando bolsas de valores mundo afora a despencarem, o capital a desaparecer, imóveis a desvalorizarem a níveis absurdos e empresas multinacionais a quebrarem –,[44] o único mercado que cresceu (e muito!) foi o de petshop, e permanece em alta, segundo pesquisa realizada por Caitlin Moldvay, publicada na Ibis World, que avaliou o período de 2003 a 2011 e prospectou até nossos dias.[45]

Que lição tiramos disso? Que, sim, o ser humano descobriu que é mais fácil lidar com um animal de estimação do que tentar entender pessoas! Pense no "melhor amigo do homem", sim, o cachorro. Um cachorro tem uma facilidade de perdoar rápido que deve nos servir de inspiração! Você pode dar uma bronca em um cachorro e, se chamá-lo de volta em seguida, ele virá correndo e feliz, pois não guarda rancor! Além disso, cachorros costumam ser alegres e transformam de maneira positiva o ambiente onde vivem. Temos muito a aprender com o universo dos *pets*.

E, assim, a humanidade tem preferido comprar um hamster do que resolver pendências emocionais com outros seres da mesma

---

44 Você pode encontrar uma análise preliminar das causas mercadológicas feita pelo professor José Luis Oreiro em: <https://jlcoreiro.wordpress.com/2011/09/13/origem--causas-e-impacto-da-crise-valor-economico-13092011/>. Acesso em: 15 jul. 2019.

45 Disponível em: <http://big.assets.huffingtonpost.com/ibis.pdf>. Acesso em: 15 jul. 2019.

espécie. Mas também não é para menos, está cada vez mais difícil de entender as pessoas.

Por mais impossível que pareça, "se dar bem" com gente, com outros seres humanos, é essencial para a felicidade. Um bichinho de estimação traz muita alegria, afinal de contas: ele não trai, não fala mal de você nem o abandona. Contudo, um par da mesma espécie, pode torná-lo feliz e completo (sem desmerecer, é claro, a função emocional que um *pet* cumpre na vida de seus donos).

Mas é imprescindível dizer que gente precisa de gente!

Como seres pensantes e emocionais, nós nos conectamos a outros, fazemos história juntos, mas não temos uma ideia clara de quem esses "outros" realmente são. Quando nos tornamos disponíveis emocionalmente em busca de uma conexão profunda, muitas vezes somos feridos exatamente por aqueles em quem depositamos nossa maior confiança. Todavia, nossa humanidade, mesmo ferida, anseia por conexão, por isso, temos dificuldade para deixar ir embora de nossa vida as pessoas que nos fazem mal. De certa forma, estamos ligados ao outro emocional e espiritualmente, ainda que na dor.

Recentemente fiz uma pesquisa em minhas redes sociais. Perguntei aos meus seguidores qual era a maior dificuldade deles ao lidarem com pessoas. Teve de tudo nas respostas: falta de confiança, decepção, feridas emocionais – estes são apenas alguns exemplos. O que realmente me surpreendeu é que 70% das respostas foi: PESSOAS! "Meu problema ao lidar com as pessoas são as pessoas", afirmou um seguidor.

Pessoas são complexas, sim, mas a vida é muito curta; então, precisamos simplificar as coisas.

A época de levar desavenças para o túmulo já passou!

A proposta deste livro é exatamente simplificar as relações humanas. Essa é a minha sugestão para a felicidade no que tange às relações interpessoais.

A JORNADA DE NOSSA EXISTÊNCIA
É UMA ESTRADA CHEIA DE PEDRAS.

As águas de corredeiras têm lições preciosas a nos ensinar. Ao observarmos como é um riacho no meio de uma fazenda, percebemos que, apesar de deparar com muitas pedrinhas, a água, em vez de enfrentá-las, contorna uma a uma com elegância e rapidez. A água corrente sempre seguirá o seu caminho sem se importar com a quantidade de pedras à sua frente.

Ah, se nos comportássemos como a água! Nós, em vez de perder tempo batendo de frente com as pedras, simplesmente avançaríamos para a próxima fase do rio.

É importante entendermos que, na vida, algumas pessoas não são pedras de tropeço, como falamos no início do livro, são pedras no sapato mesmo! Já outras são essenciais para a construção da escada do sucesso, mas sempre serão como pedras: incômodas e pesadas de se carregar.

Um ser humano não treinado emocionalmente e frio espiritualmente, quando vê uma pedra no caminho, tende a querer chutá-la com o intuito de tirá-la da frente. Veja bem, quem se machuca é somente quem golpeia; a pedra continua sem sentir nada. Ela está ali apenas cumprindo o seu propósito: ser pedra – estática e fria.

Entenda: as pedras não estão no seu caminho para serem chutadas. Se chutá-las, quem vai se machucar será você, só você! Falamos bastante sobre isso no Capítulo 3, quando tratamos dos contornáveis.

É simples assim:

GOVERNE AS SUAS EMOÇÕES PARA
NÃO CHUTAR AS PEDRAS PELO CAMINHO
E PRESERVE-SE DA DOR DA TOPADA.

Pedras no sapato devem ser retiradas.

Pedras na estrada devem ser contornadas, se forem de tropeço.

Se forem pedras do tamanho certo para a construção da escada do sucesso, estando em sua estrada, devem ser usadas. Sim, você só "chega lá" com a ajuda de pessoas.

As famosas "pedras no caminho" sempre existirão, Carlos Drummond de Andrade, poetizou bem sobre esse tema:

No meio do caminho tinha uma pedra
Tinha uma pedra no meio do caminho

Tinha uma pedra
No meio do caminho tinha uma pedra
Nunca me esquecerei desse acontecimento.[46]

Seja na vida de Drummond, seja na minha, seja na sua, as pedras ali estão. Por vezes, persistentemente ficam em nosso caminho. Na vida, essas pedras em geral são indivíduos que comumente nos são próximos, como familiares (possivelmente pessoas incontornáveis).

E tem mais! *Quanto mais próxima é a pessoa, mais chance de nos ferir ela tem. Por quê? É na proximidade que munimos as pessoas de informações a nosso respeito.*

Contamos nossas dores, nossos erros, segredos e sonhos. E isso se transforma em "bala na agulha" contra a gente depois! Por isso as três esferas de amizade sobre as quais falei no Capítulo 1 são tão importantes: precisamos ficar atentos a quem tem acesso à nossa intimidade!

Contudo, as "escadas do sucesso" realmente existem, e adivinhe? Também são pessoas ou oportunidades disfarçadas de pessoas. Sendo assim, não dá para desistir das pessoas! Entende?

Sei que, quando estamos feridos, não concordamos com essa verdade, mas acalme seu coração e vamos seguir desbravando esse universo socioemocional que são as relações humanas.

Percepção da realidade

Há pessoas que choram por saber que as rosas têm espinho.
Há outras que sorriem por saber que os espinhos têm rosas.
Machado de Assis

O Rio de Janeiro foi o meu lar por trinta e três anos. Como fui criado no subúrbio da Cidade Maravilhosa, infelizmente eu me acostumei com a violência e, sobretudo, com a rotina de assaltos da região.

---

46 ANDRADE, Carlos Drummond de. "No meio do caminho." Revista de Antropofagia, 1928.

Hoje, morando em Orlando, na Flórida, percebo o quanto aquele tempo no Rio contribuiu para que eu ficasse "mais esperto" (dificilmente alguém se aproxima de mim com má intenção e eu não percebo), mas, também, o quanto isso prejudicou a minha qualidade de vida mental.

Muitas vezes, quando eu via uma moto se aproximando no Rio, o meu coração já disparava, eu começava a suar frio e literalmente entrava em pânico. Isso porque eu fui assaltado à mão armada algumas vezes naquela região. Certa vez, quando Jeanine estava no oitavo mês de gravidez da nossa primogênita, Julia, quatro bandidos me renderam em frente à casa dos meus pais. Além de levarem todos os bens, ainda ameaçaram me matar. Como no momento do assalto eu estava ao telefone com a Jeanine, ela escutou tudo do outro lado da linha e quase desmaiou.

Eles roubaram o meu relógio, o meu aparelho celular, todo o dinheiro da carteira e a minha aliança. Ainda assim, os ladrões de carro levam menos em valor do que os ladrões da alegria, os sequestradores da paz e os assaltantes de sonhos.

É por isso que, no livro da sabedoria milenar, o mestre Jesus nos ensina:

> Não acumuleis para vós outros tesouros sobre a terra, onde a traça e a ferrugem corroem e onde ladrões escavam e roubam, mas ajuntai para vós outros tesouros no céu, onde traça nem ferrugem corrói, e onde ladrões não escavam, nem roubam, porque, onde está o teu tesouro, aí estará também o teu coração.[47]

Relógio, você compra outro, mas e a sua paz?

Exemplo cotidiano

Um amigo próximo comprou uma linda caminhonete estes dias. Estava todo feliz com a nova aquisição. Conseguira bons juros no financiamento e estava satisfeito com todo aquele conforto. Seu sorriso podia ser visto a quilômetros de distância.

---

47 Mateus 6:19-21.

Ao estacionar na padaria do bairro para levar um pãozinho fresco para casa, um vizinho debruçou-se na janela do veículo e, com cara de desdém, disse:

"Bom carro, hein! Pena que nessa cor é muito difícil de vender depois."

Uma frase, apenas uma frase, e lá se foi a alegria da compra!

Bandidos psíquicos estão por toda parte

Ladrões de alegria são mais comuns do que você imagina. Eles estão por toda parte: dentro da sua família, na escola, na igreja, na rua e no seu trabalho.

Neste capítulo, quero ensinar você a identificar e, depois, a blindar-se contra esse tipo de gente. Eles estão por toda parte, e você precisa saber identificá-los e proteger-se. Apenas isso.

Escolha quem fica, decida quem vai!

Sigmund Freud, o pai da psicanálise, disse que: "O caráter de um homem é formado pelas pessoas com quem ele escolheu conviver". Sendo assim, alguns devem apenas passar pela sua vida, outros devem ficar para sempre. A decisão sempre será sua. Você escolherá as pessoas que formarão seu caráter.

Literalmente, há pessoas que entram em nossa vida por acaso. Contudo, não é por acaso que elas ficam. Use o seu senso de propósito de vida, a sua maturidade, caso já a tenha alcançado, e a sua conexão com Deus para tomar essa decisão que muda destinos.

Imagine ter um vizinho de porta que é um ladrão de alegria, um parente que é um sequestrador emocional ou um colega de trabalho que é um assaltante da paz alheia? Percebe que essas pessoas podem fazer parte das suas esferas de amizade (Capítulo 1) ou que podem ser incontornáveis (Capítulo 2)? É nesse momento, então, que surge a pergunta: "Tiago, mas como *eu* escolho quem deve partir da minha vida?".

Esta é a minha filosofia pessoal:

QUANDO SE TEM UMA DESCULPA,
MAS NÃO UMA PALAVRA DE PERDÃO...
QUANDO HÁ SEMPRE UMA EXPLICAÇÃO,
MAS NUNCA ARREPENDIMENTO...
...O MELHOR É CORTAR, SEJA O QUE FOR, PELA RAIZ.

Sabe o que isso significa? *Jamais meça uma pessoa pelos seus erros, mas por sua capacidade de arrepender-se e consertar as coisas. Pessoas sempre vão errar, mas poucas vão se arrepender e consertar*. Dê MUITO valor a essas poucas.

Às vezes, é possível ,em vez de bloquear as pessoas definitivamente da sua vida, apenas mudar o local que você frequenta e onde elas estão (tornando-as contornáveis, conforme o Capítulo 3). Outras vezes, isso é impossível. Que novela!

Veja o caso dos seguidores de Jesus: Pedro (da esfera de amigos íntimos) e Judas (da esfera de amigos necessários) erraram com Jesus. Um o negou, o outro o traiu.[48] Os dois erraram com relação ao homem a quem juraram fidelidade, mas Pedro se arrependeu e voltou, enquanto Judas foi embora e se suicidou.

Acredite, as pessoas à sua volta decidem o destino que vão tomar. Algumas farão de tudo para buscar reconciliação. Nesses casos, seja humilde e aproveite a oportunidade. Outras simplesmente darão as costas e desaparecerão para sempre.

Pessoas são imprevisíveis! Contudo, em suas ações e reações, revelam quem são. Todo mundo dá pistas de quem realmente é, mesmo quando estão interpretando um papel para tentar se relacionar com você.

Judas traiu Jesus por 30 moedas de prata, mas antes já dava sinais de que havia algo de errado na relação que ele mantinha com

48 Em Lucas 22, você pode encontrar os textos tanto da negação de Pedro quanto da traição de Judas.

o dinheiro. A Bíblia diz que ele roubava da sacola de ofertas e das esmolas que o ministério de Jesus recebia.

Pessoas que traíram você recentemente deixaram pistas antes de consumarem o fato, você é que não ligou os pontos!

Ser um especialista em pessoas exige atenção e aprendizado. Você precisa prestar atenção aos detalhes do comportamento e às palavras de cada pessoa para aprender com isso.

> "PESSOAS NORMAIS FALAM SOBRE COISAS,
> PESSOAS INTELIGENTES FALAM SOBRE IDEIAS,
> PESSOAS MESQUINHAS FALAM SOBRE PESSOAS."
>
> PLATÃO

Pode prestar atenção a isto: quando alguém fala mal dos outros para você, é um sinal de que um dia essa pessoa também falará mal de você para os outros. Esse é o ciclo dos relacionamentos e da convivência.

Você quer estar rodeado de pessoas inteligentes ou de pessoas mesquinhas? Identifique e, depois, aproxime-se ou afaste-se, selecionando as pessoas que você deseja manter por perto.

Talvez seja esse o motivo de o ser humano ser tão apegado àquilo que não tem sentimentos, como no caso de bens materiais: é dessa forma que ele se sente mais seguro, já que coisas não traem.

Coisas não ofendem, não abandonam, não criticam. Coisas não reagem ao que você diz ou faz. Coisas cumprem o propósito de serem usadas por você, na hora que você deseja, sem se incomodarem de ser deixadas de lado em seguida.

Em geral, o ser humano prefere valorizar coisas, não pessoas. O interessante é que nem sempre isso acontece porque a pessoa é essencialmente materialista, mas porque é uma relação que dói menos.

Por mais difícil que a convivência humana pareça ser, e ela realmente é, *jamais transformaremos o mundo usando coisas, mas servindo pessoas.*

Coisas não reagem ao racismo, pessoas se juntam e protestam contra isso. Coisas não se sentem injustiçadas com a maldade, mas pessoas injustiçadas precisam de outros que lutem por elas.

O mundo precisa de boas pessoas mais do que de coisas modernas. Você pode até amar as coisas, mas elas jamais amarão você de volta.

A decisão de amar e servir pessoas é difícil de ser tomada, mas é necessária.

Tipos de ladrões da felicidade

Para ajudar você a identificar e se proteger com mais facilidade contra os ladrões da felicidade, que hoje podem estar em qualquer nível de relacionamento com você, fiz um pequeno resumo dos principais tipos com os quais você vai deparar. Veja a seguir.

O desinteressado

Esse tipo de sequestrador emocional faz um comentário negativo sobre você ou comparações a respeito do que ele tem e você não. Assim é o desinteressado: um "sem noção". Não há um real interesse em ferir. O comportamento do desinteressado não é proposital.

Se você for mulher, funciona assim: uma amiga desinteressada chega à festa do ano, à qual todos foram convidados, olha para você de cima a baixo e dispara: "Fulana usou um vestido igual ao seu na semana passada".

Nada vai mudar no mundo porque alguma pessoa já usou um vestido igual. Caso ela não tivesse mencionado, você nem saberia disso. Como ela não tem "noção" de que isso poderia incomodar ou ferir você de alguma forma, ela faz o comentário bem no meio de uma festa importante.

Existe muita gente assim, inclusive, pasme, você pode estar nessa categoria.

Eu sempre presto atenção ao que vou falar quando alguém me mostra um trabalho ou uma nova conquista. Às vezes, eu nem gosto do que foi mostrado, mas decidi não ser um ladrão de felicidade alheia.

"Mas, Tiago, nunca serei sincero com as pessoas?", você poderia contra-argumentar.

Claro que vai. Primeiro porque nada é tão ruim que você não possa buscar algo para elogiar sinceramente. Se não lhe agrada o "vestido repetido", elogie o belo sorriso ou o cabelo e as joias, ou mesmo os sapatos. Se o texto tem um tema que não lhe agrada, elogie a coesão das ideias. Se você nunca compraria um carro daquele modelo, elogie o acabamento. Compreende? Sempre há algo para ser sinceramente elogiado.

Lembro-me de um filme em que o personagem principal era um cara de que todos gostavam. O segredo? Ele nunca roubava a alegria de ninguém. Uma mulher sem nenhuma beleza foi cumprimentá-lo em uma fila de espera, ele a olhou nos olhos, sorriu e disse: "A maçã do seu rosto é incrível. Tem um formato perfeito e fica rosada quando você está envergonhada". Um elogio sincero que mudou o dia ou a semana daquela mulher que era pouco admirada.

Mas fique atento, pois se a pessoa for de uma das três esferas da amizade ou tutorada de alguma forma por você, vale a pena, em um dia comum, ou seja, fora de um evento especial em que as emoções estão à flor da pele, mencionar como você faria tal coisa diferente ou compraria outro tipo de produto, de modo a agregar algo à vida da pessoa. Amigos fazem isso!

Agora, se a pessoa não é amiga ou mentoreada por você, ela dificilmente entenderá que você quer apenas ajudar. Então, o meu conselho é: evite roubar a alegria de alguém!

A camisa do amigo é feia e você não gostou? Não diga isso no dia em que ele a está vestindo para um evento importante. Não estrague o momento de ninguém. Não seja um desinteressado!

Dias atrás, quando Jasmim nasceu, Jeanine me convenceu sobre a necessidade de comprarmos um segundo carro. A minivan que dirijo para dar conta de levar quatro filhos, sogra e a Joana (a bênção de Deus que nos ajuda com as crianças) de um lado para o outro, não estava sendo suficiente, pois, às vezes, preciso ir a um lugar e Jeanine, para outro.

Então, fomos a uma grande loja de carros da cidade. Ficamos impressionados com a quantidade de automóveis modernos naquele enorme pátio.

O vendedor me apresentou quatro opções de veículos dentro do valor que eu dispunha para dar de entrada no carro. Para a minha surpresa, uma Mercedes-Benz do último modelo estava na lista que minha entrada financeira comportava.

Fiquei empolgado. Os outros carros ofereciam o mesmo conforto, mas não tinham aquela dianteira luxuosa, aquele banco caramelo, aquele símbolo imponente da Mercedes na frente do carro. Não eram uma Mercedes, enfim.

Fiz o *test drive* nos quatro modelos apresentados, mas o meu coração estava inclinado para a Mercedes por causa de todo o *status*, do conforto e da impressão que ela proporciona.

No auge dessa emoção, busquei foco e comecei a pensar nas pessoas que amariam me ver naquele carro e nas que se "morderiam de raiva" por isso. Foi aí que uma ficha caiu! Eu gostaria que você também entendesse essa linha de pensamento (de antemão, sei que não é a única linha de pensamento correta sobre o assunto; porém, é a mais viável que encontrei até hoje), eu a chamo de retrato mental.

Eu desenhei toda uma cena em minha mente. Imaginei que estava chegando a uma festa com aquele carro. Em geral, as pessoas me conhecem e sabem quem sou e o que faço. Quem não tem condições de ter aquele carro, certamente pensaria: "Hmmm, tá com dinheiro, hein?! Deve estar metido em algum 'rolo' por aí". Outros ficariam calados, mas começariam a invejar a minha nova aquisição. Muitos outros comentários negativos iriam "correr", como correm as águas em um rio.

É interessante que aqueles com condição financeira de comprar carros até melhores poderiam se sentir ameaçados. Entre estes, a conversa da noite seria, entre um buchicho e outro: "Como o Tiago pode andar num carro desse? Será que fechou um novo negócio? Mas ele também é pastor, né? Ah, deve ter dinheiro dos fiéis nisso aí".

É claro que, no mundo ideal, todas as pessoas vibrariam com a conquista, ficariam felizes pela vitória. Contudo, estamos no doloroso mundo real, no qual há inveja, em que as pessoas falam mal e arranjam desculpas sobre por que isso não aconteceu com elas, e sim com você, ou acham inconveniente que você tenha alcançado o mesmo patamar que elas.

Foi assim que decidi não roubar a alegria de ninguém nem me colocar sob a luz dos holofotes. Claro que não abri mão do conforto da minha família, mas ao final optei por comprar um carro que não fosse tão chamativo e que tivesse uma qualidade similar. O que mais chama minha atenção é que o preço foi o mesmo, porém o impacto emocional que gerou nas pessoas foi diferente.

Quero ressaltar que não há problema algum em você comprar o carro que quiser. Eu decidi não exibir uma máquina como aquela para não ganhar mais inimigos e não estragar a alegria dos que tem menos ou mais do que eu. Eu já tenho problemas demais sem provocar ninguém, imagine se começasse a procurar por isso?

Por fim, a minha família está feliz com o carro, e os meus amigos e os "inimigos ocultos" (aqueles que se dizem amigos, mas na verdade querem o mal) que convivem comigo não estão ofendidos nem cochichando por aí (eu acho).

Sei que isso é delicado, pois quando você compra, por exemplo, um computador novo, quer que todos saibam dessa sua alegria, quer que vejam que você conseguiu comprar o melhor. Apenas tome cuidado para que, sem saber, você não se transforme em um desinteressado ladrão de felicidade.

Tem muita gente que sofre vendo o que você tem, ainda que você mesmo considere pouco. Se você resolver esbanjar, o abismo entre você e as pessoas aumenta bastante.

Tem gente que sequestrou as suas emoções por algumas horas por causa de coisas que contaram para você ou pelo que postaram nas redes sociais. Mas isso não quer dizer que elas o queriam ferir. Às vezes, eram desinteressados, como eu já fui quando expunha coisas que afetavam as pessoas.

Faça um retrato mental da cena de como as pessoas reagiriam ao saber da sua conquista e você terá sabedoria para fazer as melhores escolhas.

Desinteressados ainda podem ser de outros tipos e continuar sendo ladrões da felicidade. O fofoqueiro, por exemplo. Às vezes, ele levou um assunto seu para outros, não porque queria fazer mal a você ou expor sua vida, mas porque ele simplesmente não sabe controlar a própria boca.

O portador de más notícias é outro tipo de desinteressado. Provavelmente, ele não quer deixar você depressivo, mas, como é negativo por natureza, ele só se aproxima para contar tragédias e afins.

O intencional

Esse tipo de ladrão da alegria surge em nossa vida por diversos motivos. Ele está incomodado porque você está feliz no casamento, porque seu patrão gosta de você, porque os vizinhos celebram quando você está por perto. Não importa o motivo, o ladrão intencional quer fazer algo para roubar um pouco dessa sua alegria sempre que possível.

Ele não é assim sempre com todos, nem foi assim sempre com você, mas desenvolveu algo contra você e agora ele sente a necessidade de "bater" de alguma forma.

Tenho um exemplo não agradável na minha vida. Nesse caso que vou citar, fui eu mesmo que me tornei um ladrão emocional.

Quando comecei a minha empresa, aos 25 anos de idade, eu não tinha recursos para nada. Era uma pessoa frustrada emocionalmente e me comparava com tudo e com todos. Jeanine explicou bem quem eu era nessa época quando prefaciou meu livro *Dinheiro é emocional*,[49] nessa obra você pode ler a descrição perfeita de quem eu era.

Então, quando a empresa prosperou um pouquinho e deixei de ser um zero à esquerda para o banco, peguei um crédito e fui comprar um carro zero da época. A minha intenção não era ter mais conforto ou simplesmente ter um meio de transporte. Eu queria mostrar para todos que haviam duvidado de mim que, naquele momento, eu estava bem. Eu queria também competir com os meus primos e amigos que haviam prosperado antes de mim.

Que sentimento horrível eu tinha, analisando nos dias de hoje. Contudo, nesse período da minha vida, eu estava completamente cego e só queria roubar a alegria de alguém. Falando assim parece que eu era uma má pessoa, mas, não, eu era apenas um escravo das minhas frustrações e de desejos não atendidos.

Eu fazia questão de chegar atrasado aos eventos familiares ou compromissos do trabalho apenas para estacionar o carro na frente do local, de modo que todos pudessem ver que eu estava chegando e, assim, contemplar a minha "vitória". Que mesquinho, que ridículo!

---

49 BRUNET, Tiago. *Dinheiro é emocional*: saúde emocional para ter paz financeira. São Paulo: Editora Vida, 2018.

Contudo, as pessoas são assim! Quando se acham menos, tentam ser mais exibindo as coisas que possuem.

Hoje, eu acho isso "o fim do mundo", mas, naquela época, era uma proteção emocional para mim. Uma forma de me sentir bem e aceito. Você já se sentiu assim, disposto a fazer qualquer coisa para ser aceito pelas pessoas?

Então, lembre-se: pessoas que roubam sua alegria hoje, podem se tornar relevantes no futuro, aconteceu comigo. Eu mudei. As pessoas mudam.

E da mesma forma que alguém pode ter sequestrado sua paz, será que você também já fez isso com alguém?

SE VOCÊ ESTÁ DESESPERADO A PONTO DE QUERER FAZER "QUALQUER COISA", CERTAMENTE VOCÊ VAI OPTAR POR FAZER A COISA ERRADA!

PESSOAS SÃO ASSIM

A inveja mata, uma comédia cinematográfica de 2004, apresenta a história de dois amigos íntimos e vizinhos, Tim e Nick.

Nick convida Tim para ser seu sócio na pesquisa e no lançamento de um produto inusitado, um vaporizador para fezes de animais de estimação. Tim não dá muito crédito à ideia e não aceita fazer parte da sociedade. Contudo, o produto dá certo, se torna um enorme sucesso e Nick ganha muito dinheiro.

Tim fica com inveja, uma baita inveja! Para piorar, ele ainda tem de conviver com a cobrança da esposa e dos filhos pelo fato de ele não ter tudo o que o vizinho tem. Como se não bastasse, Tim ainda mata sem querer o cavalo de estimação de Nick e passa grande parte da trama tentando esconder seu erro. Pessoas são assim: em vez de se desculparem, querem esconder seus erros!

Nick, por sua vez, doa metade da empresa a Tim, que finalmente se arrepende e conta a Nick sobre o cavalo. Nick prontamente o perdoa, dizendo: "Realmente foi um acidente".

No fim, o vaporizador acaba sendo retirado do mercado e ambos perdem tudo, mas agora é Tim quem tem uma ideia magnífica (um inovador flan de bolso), que Nick aceita na hora e os dois passam a ser sócios novamente.

Pessoas são assim: melhores amigos erram, mas o perdão corrige!

Havia um amigo daquela época que, não importava o que eu comprasse de novo, fosse carro, fosse relógio ou celular, qualquer coisa mesmo, eu dava um jeito de mostrar para ele. Eu só me dava por satisfeito quando aquele amigo específico visse o meu carro ou qualquer outra conquista minha. Eu precisava me afirmar diante dele.

Estou contando um caso pessoal e triste como este para você saber que qualquer um pode ser um sequestrador emocional intencional. Não é necessário que haja intenção destruidora para isso, pessoas comuns que não vigiam e não tratam dos seus sentimentos podem se transformar em bandidos emocionais.

Precisa ficar claro que eu sei que o problema não eram os meus familiares ou os meus amigos, mas o total descontrole das minhas emoções à época, a minha falta de identidade e a minha pequenez espiritual.

Atualmente, eu consigo ser mais empático, porque vivi isso. Consigo entender o porquê de algumas pessoas, intencionalmente, virem tentar nos ferir e roubar nossa alegria. Não é nada contra a gente, são essas pessoas que precisam se sentir bem de alguma forma.

Como reconheci esse erro em mim, e o corrigi, agora consigo não emitir julgamento e, é claro, tenho facilidade em perdoar quem faz isso comigo.

Faça uma autoanálise, identifique todos os seus erros, seja bem crítico consigo mesmo. Isso ajudará você a entender melhor os outros.

O neurótico

Neurose, ou neuroticismo, é um transtorno psicológico que leva o doente a sofrer de intensa angústia e ansiedade, também tem como sintoma a preocupação constante.[50] Vamos aqui nos ater à angústia e à ansiedade geradas pela preocupação constante de estar sendo perseguido. Perseguido é como ele se sente. Ele acredita que o mundo está contra ele e que todos nesta terra estão competindo contra ele. Dessa forma, ele deseja machucar emocionalmente e estragar o prazer de qualquer um que puder.

Às vezes, ele escolhe uma vítima específica para atacar. Contudo, em geral, ele abre o campo de mira e atira seus distúrbios emocionais e suas mazelas espirituais em todos que cruzam o seu caminho. É importante ressaltar que usaremos o termo "neurótico" apenas como indicação de um tipo de ladrão da felicidade que queremos mostrar, não em razão do amplo sentido geral desse termo na terminologia da medicina.

Tempos atrás, convivi com uma pessoa assim. Primeiro, começamos uma amizade. Ele parecia ser uma pessoa equilibrada e até mesmo boa. Os ladrões de alegria neuróticos têm uma capacidade incrível de dissimular. Ele era bem maior do que eu em termos financeiros, profissionais etc. Eu o via como uma referência naquela época.

Como eu estava quebrado emocional e financeiramente nesse período em que nos aproximamos, sentia-se confortável emocionalmente. Afinal de contas, perto de mim ele era "o cara". Mesmo sabendo dos abismos que eu atravessava na vida, ele insistia em mostrar os carros esportivos que comprava ou o relógio de não sei quantos mil dólares. Ele não fazia para me ofender até então, eu ainda não representava uma ameaça para ele. Acredito que, nessa época, ele era um desinteressado ladrão de felicidade.

O tempo foi passando, e o meu destino foi sendo descoberto e traçado. Fui me preparando cada dia mais, me fortalecendo na fé e crescendo nas emoções. Com o tempo, pequenos resultados começaram a surgir, assim como uma flor que às vezes brota no meio do

50 Você pode conhecer outros sintomas em: <https://br.munfdopsicologos.com/artigos/entenda-o-que-e-neurose-e-quais-seus-sintomas>. Acesso em: 15 jul. 2019.

deserto. E por mais que essa flor seja apenas uma, acaba chamando mais atenção em meio a todos os hectares sem vida do deserto.

Quando fui saindo do estado de mornidão financeira, de paralisia ministerial e profissional, quando as coisas começaram a mudar para melhor na minha vida, esse "amigo" foi o primeiro a me ligar com a seguinte conversa:

"Tiago, por que você está falando mal de mim por aí?"

"Eu não falei nada, somos amigos", respondi. "Do que você está falando? Estou aqui para tirar qualquer dúvida, se quiser colocar de frente comigo a pessoa que disse isso a você, fazemos hoje mesmo, sem problemas", eu disse.

Ele nunca quis resolver, apesar de eu sempre propor imediatas soluções.

Os dias foram passando, e ele foi piorando. Quanto mais eu crescia na vida, mais ele construía situações para roubar a minha paz. Inventava histórias terríveis a meu respeito e contava para os outros, tentava fazer com que os meus convites de palestras desaparecessem. Alguns casos poderiam ser levados inclusive à polícia. Todavia, eu decidi seguir por outro caminho. Apenas me afastei e fui esfriando o que antes parecia ser uma amizade.

Lembro-me do dia em que eu, tentando me levantar, tentando recolher os cacos de vidro emocionais que ficaram pelo chão da minha existência, fui convidado a dar uma palestra pela qual seria remunerado. Eu estava começando nessa área. Tudo era muito novo e emocionante para mim. Nesse dia especial, ele me ligou horas antes do evento para dizer que duas pessoas próximas a ele iriam me processar. Suas palavras foram:

"Sei que você está prestes a fazer um evento, mas acho melhor você saber que fulano e sicrano vão processar você em X mil reais."

Perdi o chão no mesmo instante! Fiquei desatento e desfocado.

O ladrão de felicidade da categoria neurótico não se importa em dar uma má notícia no melhor dia de sua vida. Ele é um estraga-prazeres por natureza. E é muito difícil entender ou amar alguém assim. Contudo, para ser um especialista em pessoas é essencial ENTENDER por que elas fazem o que fazem.

Isso é o que acalma: entender o porquê das coisas!

Todo abusador, como já se sabe, foi abusado um dia. Fala-se muito isso em relação aos abusos sexuais, mas vale também para os abusos emocionais.

Esse homem, que se tornou um neurótico ladrão de alegria alheia, foi abandonado pelo pai quando ainda estava na barriga da mãe. Essa mulher guerreira, que ficara com o desafio de criar filhos sem pai, não teve outra opção na época a não ser se prostituir. Pobreza, maus-tratos e muita vergonha foram sua rotina.

Na infância, esse meu perseguidor experimentou na pele o que eu jamais suportaria passar, e quando cresceu e sobreviveu apesar de tudo isso, viu as pessoas que estavam ao lado dele começar a superá-lo em algumas áreas da vida. Ele não teve inteligência nem agilidade emocional para se posicionar interiormente. O caminho foi o ataque neurótico.

Quando entendi isso, a raiva passou. O sentimento de compaixão me tomou por completo.

Entender o porquê das coisas é uma importante ferramenta para a construção da sua saúde emocional. Mesmo que o outro lado seja o malfeitor, se você não resolver por sua conta, quem ficará debilitado psicologicamente será você!

As aparências enganam

Como são admiráveis as pessoas que não conhecemos bem.
Millôr Fernandes

Olhe ao seu redor: parece que a esposa do colega de trabalho é perfeita, que o filho do vizinho é ótimo, que os funcionários da empresa concorrente são os melhores. Mas, parafraseando Millôr Fernandes, admiramos as pessoas que ainda não conhecemos bem.

A vida é assim, as pessoas são assim. Você convive um pouco, e o encanto acaba.

No mundo ideal, todos deveriam ser excelentes no que fazem e contribuir para a coletividade. No tenebroso mundo real, as pessoas são egoístas, e quanto mais próximas da gente, menos nos interessamos e as admiramos, não é à toa que os incontornáveis nos são muito próximos (Capítulo 2).

É por isso que procuro não me impressionar com quem ainda não conheço, quando temos proximidade o suficiente, tudo muda. O oposto também é real! Acredite: existem pessoas que estão ao meu lado hoje que são muito mais fáceis de se admirar estando perto do que quando estavam longe.

Um especialista em pessoas é aquele que sabe lidar com o ser humano a ponto de ser admirado pelos mais próximos. É aquele que entende que a essência vale muito mais do que a aparência.

Provocadores de ladrão

Quem tem mais chance de ser assaltado andando pelas ruas de uma cidade grande: aquele que está com relógio de ouro e cordão no pescoço ou o rapaz de bermuda de praia e camiseta?

Inocente ou intencionalmente vestimos coisas, postamos coisas, mostramos coisas que despertam quem estava "quieto". A frase popular "A ocasião faz o ladrão" encaixa-se bem no contexto sobre o qual estamos falando. O livro da sabedoria milenar também nos adverte: "Sede sóbrios e vigilantes. O [...] vosso adversário anda em derredor, como leão que ruge procurando alguém para devorar".[51]

Não devemos, como especialistas em pessoas, criar ambiente propício para assaltos emocionais. Por favor, acredite em mim, não vale a pena provocar os ladrões da felicidade só porque você quer "tirar uma onda" ou inconscientemente deseja tentar apagar uma frustração do passado mostrando para os outros o que tem agora.

Esses bandidos das emoções são cruéis e conhecem o seu ponto fraco. Eles vivem de tristeza, e você está buscando a felicidade.

Gente, é muito sério isso!

Um cara muito influente em uma roda repleta de gente importante mencionou o nome de um amigo, ainda que seja estratégico, é um amigo meu. A minha antena ligou na hora e prestei muito mais atenção no que todos estavam dizendo.

Esse homem importante então disse: "E aquele fulano, hein?", referindo-se ao meu amigo, "Ele não é filantropo e religioso? Não

---

51 1Pedro 5:8.

entendo! Postou uma foto usando cinto Louis Vuitton e ostentando um carro com bancos vermelhos. Aposto que era uma Maserati".

A conversa foi ficando cada vez mais séria e um dos que estavam na roda disse: "E é por isso que fechei uma porta para ele lá na cidade tal". O homem mais influente do grupo pegou o gancho e continuou: "Quer andar na chuva, irmão? Tem que se molhar! Vou mandar levantar o Imposto de Renda dele e verificar se condiz com a onda que ele tem tirado".

Sabe qual foi o único erro desse meu amigo estratégico: postar uma foto dentro de um carro usando um cinto de marca! Ele é um bom amigo, pai de família e gente muito boa. Ele provocou, embora sem querer, alguns ladrões de paz.

Eu mesmo passei por algo parecido, só que, no caso, fui eu quem quase se transformou num sequestrador de alegria. Ninguém está vacinado contra os ataques das emoções tóxicas.

Um amigo meu lançou um livro e, depois, postou um vídeo nas redes sociais todo feliz dizendo que havia ganhado um prêmio superimportante da editora em que publicara a obra. Como também sou escritor e fico ligado nos prêmios que existem por aí, quando vi aquilo, comecei a criticar em pensamento: "Que mentira! Quem dá prêmio são as revistas especializadas, não as editoras". Como se não fosse ruim o suficiente, segui aumentando a minha tensão interior: "O cara lançou o livro agora e já está contando vantagem". E piorou ainda mais: aquilo começou a me incomodar de tal maneira que apertei o botão "deixar de seguir" do Instagram dele.

Somente então foi que me lembrei de que ser um especialista em pessoas não é ser perfeitinho e nunca sentir coisas negativas, mas IDENTIFICAR o que está acontecendo e rapidamente abrir a caixa de ferramentas para consertar o problema.

Comecei a refletir sobre o que eu estava sentindo. Eu me questionei se aquele sentimento negativo era algo real ou fruto de algum parafuso mal apertado nas minhas emoções.

Eu me considero uma pessoa equilibrada, mas ninguém está isento de se sentir provocado. A forma como a pessoa postou o que postou, o assunto que era do meu interesse e o momento que eu estava passando, a somatória de tudo isso me fez reagir negativamente por alguns minutos. Contudo, abri a minha "caixa de ferramentas" e comecei uma obra interna com as perguntas-chave:

- Quem sou eu?
- Preciso sentir isso para provar quem sou?
- Por que fiquei tão incomodado?
- Estou com inveja ou ele realmente exagerou no que disse?
- O que posso fazer hoje para não sentir isso novamente amanhã?
- A minha felicidade depende das minhas atitudes ou das postagens dos outros?

Aquela pessoa tão especial e cheia de talentos, sem saber, estava me provocando e poderia ter perdido a minha amizade ou até mesmo ganhado um inimigo se eu não tivesse usado a minha caixa de ferramentas emocionais.

Caro leitor, neste momento, enquanto escrevo solitário e aprecio a companhia apenas da minha bebida favorita, o café, estou aqui pensando: se eu, que me considero inteiro emocionalmente, já estava a ponto de bloquear um amigo e até falar mal dele por aí, imagine como estão reagindo os quase 80% da população mundial que, segundo as estatísticas apresentadas pela Unicef, na pesquisa realizada principalmente por Jonathan Schaefer, estão com problemas emocionais?[52] Será que ainda há esperança?

Como se blindar contra os sequestradores emocionais / ladrões de alegria?

Especialistas em pessoas precisam se desenvolver diariamente para estar protegidos contra os sequestros emocionais e os ladrões

---

52 Dados da pesquisa indicam que, apesar de a porcentagem diagnosticada ser abruptamente mais baixa, o real número de pessoas que necessitam de cuidados emocionais beira 80% da população mundial. Disponível em: <https://blogs.scientificamerican.com/observations/mental-illness-is-far-more-common-than-we-knew/>. Acesso em: 15 jul. 2019.

da alegria. E é por isso que apresento agora a você uma lista de FERRAMENTAS DE PROTEÇÃO.

Ferramentas de proteção

Tenha uma identidade

Eu me chamo Tiago da Costa Brunet. Nasci em Corumbá, Mato Grosso do Sul, pois meu pai, ainda que carioca da gema, estava servindo à Marinha do Brasil na cidade vizinha a Corumbá, Ladário.

Hoje, aos 38 anos de idade, ajudo milhões de pessoas por meio de vídeos na internet, de eventos presenciais e dos meus livros. Sou um constante apoiador de causas socioeducacionais no Brasil e na África.

Sou casado com Jeanine, a quem amo e que sempre cuidou de mim e dos nossos quatro filhos. Somos pais da Julia, do José, do Joaquim e da Jasmim. E este, para mim, é o título mais importante que tenho: pai. Isso me completa de verdade. Os meus sonhos foram realizados na minha família.

Sou filho de Dario e Fani, um pastor por chamado que foi militar por profissão, e uma professora de escola primária que largou o emprego para criar os filhos. Esses senhores até hoje são os meus melhores amigos.

Tenho dois irmãos maravilhosos e cheios de talentos e dons. De vez em quando brigamos ao melhor estilo "*Street Fight*", mas tudo fica bem depois.

Sou pastor, educador, palestrante internacional, escritor e professor de cursos on-line. Os meus frutos podem ser vistos em minha família; no número de pessoas convertidas mensalmente ao Evangelho de Jesus, o qual eu prego; nas minhas redes sociais; na minha vida financeira; e nos meus amigos fiéis e constantes, que mantenho desde a minha infância até hoje.

Esse é o Tiago. Esse sou eu. Eu sei quem sou.

Sabe por que falo isso para você agora? Porque todos os dias somos desafiados a esquecer quem somos por causa de provocações ou situações contrárias.

Tempos atrás, tive que viajar com toda a minha família do Brasil para os Estados Unidos, onde moramos. Havíamos passado as férias, para as crianças fora um tempo muito especial, na casa dos avós no Rio de Janeiro.

No avião, meu filho número 3, Joaquim, começou a chorar sem parar. Deu aquele show, como costumamos falar. Então, tomei-o nos braços e fui até a parte divisória entre a classe econômica, onde eu estava, e a classe executiva. Ali, há uma espécie de cozinha e também banheiros. Fiquei alguns minutos disfarçando com ele no colo por ali, pois tinha espaço suficiente para eu distrair meu pequeno.

Foi então que um líder religioso saiu da classe executiva para ir ao banheiro e me viu parado ali naquele espaço. Ele sorriu e, sem me cumprimentar, perguntou: "Você está na classe econômica? Não vi você lá na executiva".

Não sei se ele fez por mal, porém me senti atacado. Protegi o meu coração e não deixei aquilo entrar e tomar meus sentimentos. Eu apenas respondi: "Estamos, a minha família e eu ali atrás, sim, mas vamos sobreviver". Ele riu e foi embora.

Voltei para o meu assento lá atrás. Horas depois, eu já estava estressado, pois Joaquim não parou de chorar e gritar. O avião finalmente pousou, nós desembarcamos e fomos para a enorme fila da imigração. Já naquela espera, quem estava à nossa frente era justamente esse líder e sua esposa.

Somente para complicar o meu estado emocional, ela me olhou de cima a baixo e virou a cara.

Só para que saibam, a minha esposa e eu já havíamos jantado com esse casal algumas vezes. Por outras vezes, eu ministrei palestras na instituição que ele preside. Estranhei todo aquele desprezo, mas antes de dar vida a um fantasma emocional, eu apenas me lembrei de quem eu sou.

Identidade!

"Sou Tiago, ajudo pessoas, não prejudico a vida de ninguém. Sou pai de quatro filhos incríveis, estou aqui com a pessoa que mais amo, a minha esposa. Seja lá o que estiver acontecendo, isso não tem a ver comigo. Eles é que não devem estar bem."

Fiz uma oração ali na fila mesmo: "Senhor, ensina-me o temor do teu nome. Faz-me humilde e servo de todos. Obrigado, Espírito Santo!".

Conclusão, ao apenas me lembrar de quem eu sou e fazer uma oração, meu coração ficou protegido de um conflito que poderia se arrastar por anos.

Jamais reaja no momento do problema

O que a Bíblia chama de domínio próprio, a inteligência emocional e a ciência chamam de autocontrole. Essa é a ferramenta mais útil a ser usada quando estamos no momento em que o problema está acontecendo.

É mais difícil lançar mão dela quando o ataque vem de um incontornável, pois existe uma carga sentimental envolvida. Se quando alguém que você nunca viu na vida xinga você no trânsito isso gera um impacto emocional, quando é o seu colega de trabalho que faz a mesma coisa, isso gera um tsunami.

Para ambas as situações, reagir NUNCA é opção. Não há registros históricos ou estatísticas que comprovem que alguém se deu bem reagindo a uma agressão de qualquer fonte que seja.

"Bendizei aos que vos maldizem, orai pelos que vos caluniam. Ao que te bate numa face, oferece-lhe também a outra; e, ao que tirar a tua capa, deixe-o levar também a túnica".[53] Assim nos ensinou Jesus: dar a outra face a um agressor. Tomo a licença de parafrasear também para orar por quem está inventando histórias a nosso respeito; parece coisa de bobo, mas, na verdade, é uma estratégia de guerra.

Ao falar bem de quem está falando de você, ou quando você dá a outra face, está gritando para todos ouvirem: EU NÃO VOU REAGIR! Quando não há reação às provocações, as batalhas se enfraquecem. Todo aquele que ataca, espera o revide. Sem revide, não há guerra.

Quando eu era pequeno, nos momentos em que eu reclamava das confusões com meus irmãos, a minha mãe carinhosamente sempre gritava ao pé do meu ouvido: "Quando um não quer, dois não brigam".

Contorne os contornáveis, suporte os incontornáveis

A sabedoria é uma ferramenta incrível. Ela mede o que falamos, nos faz pensar no que ainda nem pronunciamos. A sabedoria é tudo de que você precisa para contornar e suportar pessoas.

---

53 Lucas 6:28-29.

Com sabedoria, você aprende a contornar os ladrões de alegria que são apenas pedras no seu caminho. É com a sabedoria, também, que você consegue a habilidade para suportar os incontornáveis.

Como viver cercado de incontornáveis que são ladrões de alegria? Aqui vão alguns conselhos preciosos:

1. Entenda que essa pessoa está doente emocionalmente e, por isso, não deseja alcançar a paz.
2. Promova um ambiente pacífico. Enquanto depender de você, ofensas não devem ser uma opção.
3. Jamais coloque o seu foco no ladrão de alegria e sim no plano divino que decidiu que essa pessoa deveria ser seu parente, colega de trabalho ou o tipo de incontornável que ela é. Lembre-se de que Deus já viu o seu futuro, e ele sabe que de alguma forma você precisa passar por esse processo.

CUIDADO com as redes sociais, se algo te faz mal, não veja mais

Há poucos dias, eu estava ministrando uma palestra para 2 mil empreendedores e falei o seguinte:

"Não acreditem nas redes sociais, eu mesmo nunca postei algo que fosse 100% real."

Todos se assustaram!

Continuei minha linha de pensamento dizendo:

"Pessoal, nunca postei uma discussão minha com a Jeanine, só posto quando estamos sorrindo e em um lugar superlindo. Nunca postei foto de carona em um carro velho, mas quando empresários mandam me buscar de jatinho ou helicóptero, faço *stories* fingindo que é um dia normal. Encolho a barriga, coloco filtros, dou sorrisos forçados."

E não parei por aí! Prossegui:

"Esta é a rede social como ela é. Ela foi criada para aparências, não para a realidade. Como você ainda a usa como parâmetro de comparação? Ninguém posta um boleto vencido, mas exibe o carro na garagem. Ninguém posta as 24 parcelas a pagar da viagem, mas não faltam as fotos tiradas na Torre Eiffel, em Paris."

A ferramenta então é: se algo faz mal para você, PARE de ver. PARE de seguir. Apenas "deixe pra lá". Seja seletivo com o tipo de pessoas que você segue, com o tipo de assunto que você procura e com o tempo que você dedica a isso.

Evolua espiritualmente

Aqui está uma ferramenta realmente importante: crescer na vida espiritual.

Gratidão; servir a quem nunca poderá retribuir a você; amar a quem nem sequer gosta de você, todos esses são atributos espirituais.

Evoluir como ser espiritual não tem a ver com ir a uma igreja ou com participar de palestras sobre espiritualidade. Esse desenvolvimento está muito mais conectado a engrandecer os atributos que só quem decidiu fortificar o espírito, e enfraquecer a carne, pode entender.

E é neste momento que sugiro que você estude sobre o cristianismo. Nasceu como uma religião oriunda dos ensinamentos de Jesus Cristo; porém, hoje está enraizado na sociedade como um estilo de vida. Jesus ensinou os pontos cruciais para uma vida espiritual saudável: amar, perdoar, arrepender-se e servir.

Quem está interessado no que a sabedoria bíblica chama de "obras da carne" – que a saber são: prostituição, avareza, glutonarias, bebedices, inimizades etc. – jamais vai compreender a importância de ser grato, de servir aos menores e de amar quem o persegue.

Para finalizar este capítulo, pense nisto:

Os ladrões de felicidade estão soltos por aí, mas existem pessoas que passaram a vida toda em comunidades cheias de vulnerabilidades e nunca foram assaltadas.

Pergunta e resposta

1. *Tiago, fiz o curso "Seja um especialista em pessoas" e muita coisa mudou na minha vida e nos meus relacionamentos. Uma dúvida que ficou é: minha mãe está entre a desinteressada e a neurótica ladra de alegria; ela faz* *questão de me dar notícias ruins para acabar com minha semana e faz de tudo para que eu não seja feliz. Como devo reagir a isso?*

Bom, P., neste capítulo falamos sobre isso. Os incontornáveis, quando se revelam ladrões de alegria, nos fazem sofrer bastante, pois justamente eles deveriam ser nosso motivo de alegria.

A compaixão, que é a evolução da empatia, deve ser muito usada nesses casos. Os pais, por pior que pareçam, não fazem essas coisas com a real intenção de ferir por ferir (salvo raras exceções). Em geral, eles pensam estar protegendo os filhos ou simplesmente estão transferindo as frustrações e dores deles mesmos para você.

Aconselho você a usar a ferramenta da evolução espiritual: busque servir e amar os que estão ao seu lado, sempre se prontificando a perdoar o mais rápido possível. Além disso, lembre-se de não contar detalhes da sua vida que não sejam extremamente necessários para a convivência, de modo que haverá menos "roubo da sua alegria".

Conclusão

No mundo ideal, todas as pessoas viveriam felizes e seriam gratas por tudo o que possuem. Contudo, no mundo real, isso não acontece, e muitos sentem prazer em acabar com a sua alegria e em tornar o seu dia difícil, verdadeiras pedras no caminho.

Neste capítulo, então, você aprendeu a lidar com esses ladrões de alegria, reforçando que precisamos aprender a ter uma melhor percepção da nossa realidade.

Em seguida, apresentei a você os tipos de ladrões da felicidade: o desinteressado, o intencional e o neurótico.

Além disso, reforçamos que as aparências enganam e que devemos ter o cuidado de não provocar os ladrões de felicidade.

Finalizamos o capítulo com as ferramentas de proteção que blindam nossa vida contra os sequestradores de alegria: ter uma identidade; jamais reagir no momento do problema; contornar os contornáveis e suportar os incontornáveis; ter cuidado com as redes sociais, deixando de ver o que faz mal; e buscar evoluir espiritualmente.

"Algumas pessoas tentarão te lembrar do seu passado porque não estão conseguindo lidar com o seu futuro."

Capítulo 6

A trilha da vida

A felicidade não está no fim, mas no caminho.
Autor desconhecido

Viver é como percorrer uma trilha. A vida é como uma estrada, mas nem sempre com placas de sinalização. Você começou a percorrê-la quando ninguém podia sequer notá-lo, no momento de sua concepção!

Desde o momento em que você entrou na jornada dessa existência, percorre a sua trilha pessoal. Somente quando deixar esta terra, a carreira será completada.

Lembro-me da primeira vez que caminhei pela Via Dolorosa, em Jerusalém. Arqueólogos franciscanos estimam que o trajeto completo de Jesus foi de cerca de 600 metros apenas.[54] O caminho que percorrem os peregrinos começa próximo ao Portão do Leão, uma das principais entradas da Cidade Velha, e termina no Santo Sepulcro, local reivindicado pela Igreja Católica como sepulcro de Jesus antes da Ressurreição.

Essa via tem catorze paradas ou estações, como chamam os historiadores. Cada uma conta uma parte do que o Mestre viveu nessa última etapa antes da crucificação. Dizem os guias judeus que foi na terceira e na sétima estações que Jesus caiu ao não aguentar o peso da cruz e teve que ser ajudado por Simão, o cireneu. (Até Jesus, considerado o Filho de Deus por nós, cristãos, precisou de um ombro humano para se apoiar. Imagine a gente, meros mortais!)

Assim como Jesus percorreu uma trilha após sua condenação à morte, a Via Dolorosa (usarei a metáfora de uma trilha, para que você compreenda melhor a mensagem que o fará descobrir a fase de vida em que você e as pessoas que o cercam estão), você só vai lidar bem consigo e com os outros se entender esses processos e ciclos da vida.

Vamos lá!

Quem nunca pegou uma estrada para viajar? Nas estradas, existem as paradas do caminho; você está com sede ou quer ir ao banheiro, ou o nível de combustível está baixo, então você vê um posto de gasolina e resolve fazer a famosa "paradinha", não é assim?

Existem várias situações no decorrer de um percurso que podem nos fazer parar, diminuir ou acelerar rumo ao destino planejado.

É esclarecedor quando você descobre em que parte da trilha da vida está atualmente. Você realmente precisa saber disso, pois ter a certeza da fase em que você se encontra é muito importante para conseguir lidar consigo mesmo e com os outros à sua volta.

Lembre-se: você só muda aquilo que identifica! Sendo assim, é essencial você conseguir se situar, identificar a sua fase atual e seguir em frente, caso seja necessário.

---

54 Veja dados disponíveis em: <https://www.abiblia.org/ver.php?id=7878>. Acesso em: 10 ago. 2017.

Faça estas perguntas para você mesmo:

- Ainda estou no início de tudo que tenho para viver?
- Estou na metade do caminho?
- Dá tempo de recalcular a rota, se necessário?
- Tenho forças e ajuda suficientes para completar a carreira?
- Eu sei qual é o fim dessa estrada?

Com base nas centenas de atendimentos que fiz como *life coach*, pastor e mentor de pessoas estratégicas da sociedade, percebi que a vida é feita de fases e processos. Não existe sucesso sem enfrentamento dessas etapas.

Ainda que você diga o quanto a sua vida ou o seu histórico são diferentes, isso serve para todos, toda pessoa passará por essas seis fases que vou apresentar a você neste capítulo.

Todos os dias, minha equipe e eu recebemos pedidos de ajuda, como estes: "Tiago, eu me sinto totalmente bloqueado", "Eu ando a passos tão pequenos", "Nunca consigo avançar como deveria". A maioria me escreve dizendo que se sente "presa", como se estivesse carregando um peso enorme, alguns nem sabem identificar que peso é esse, outros o relacionam aos mais diversos problemas humanos. Aqueles que conseguem relacionar o fato de estarem estagnados a alguma dificuldade específica dizem que é porque foram demitidos do emprego, ou porque tiveram um problema na infância, ou porque são mulheres que foram deixadas pelos maridos, entre outras situações. Algumas pessoas, inclusive, nos dizem que estão apenas sobrevivendo há um longo tempo, mas não vivendo realmente.

Se você se identificou com algumas dessas questões, é fundamental que preste bastante atenção às próximas linhas, pois, como falei, a vida é uma estrada e é muito importante que você saiba em que ponto da trilha você está, para não ficar eternamente preso em uma "parada".

Para que fique muito clara a importância do que eu mostrarei a você a seguir, antes de entrar na fase 1, saiba que tudo o que vou compartilhar neste capítulo tem uma base muito forte de estudo e pesquisa.

Fora isso, vale lembrar que, nos últimos treze anos, atuei como pastor atendendo diversos tipos de pessoas, também fui empresário no passado, o que trouxe uma dura experiência de que cada pessoa age com você de acordo com a fase de vida em que tanto ela como você estão.

Faz treze anos que fui ordenado ao ministério pastoral e, nos últimos quatro, atuei profissionalmente como *life* e *business coach*, já que não pastoreava igreja alguma. A experiência na vida pastoral e como *coach* de vida e negócios atendendo celebridades, jogadores de futebol e grandes empresários do cenário nacional me trouxeram até aqui para dividir com vocês o que aprendi nesse tempo todo.

Acima de tudo, Deus atendeu à minha oração que, desde minha adolescência, é a mesma:

Senhor, dá-me sabedoria.

Acredito que tenho crescido nesse aspecto desde então.[55]

COVARDE É AQUELE QUE NÃO ABRE NOVOS CAMINHOS NA VIDA, NEM EMPREGA AS SUAS FORÇAS PARA ENFRENTAR OS OBSTÁCULOS DESSA ESTRADA.

TEXTOS JUDAICOS

O livro da sabedoria milenar nos conta que foi no caminho de Damasco que Saulo, o famoso personagem bíblico, teve um encontro

---

55 O jornalista Airton Ortiz tem uma frase célebre que diz: "Somos o resultado dos livros que lemos, das viagens que fazemos e das pessoas que amamos". Partirei dessa citação para explicar a você um pouco sobre a teoria que apresentarei neste capítulo. Durante toda a minha vida, li muito sobre diversos assuntos, entre os quais, cabe indicar aqui: relacionamento interpessoal, desenvolvimento infantil, formação de caráter, autoconhecimento, desenvolvimento humano, teologia, psicologia, comportamento de homens e mulheres, influência, persuasão etc. Além disso, como já mencionei anteriormente nesta obra, amo conhecer novos lugares, culturas e características não só do ambiente, mas principalmente do povo. Somo a isso o fato de eu ser pastor, conselheiro e *coach* há tempo suficiente para ter milhares de atendimentos em meu currículo.
O que eu quero deixar claro com isso é que a teoria da trilha da vida foi desenvolvida por mim com base em tudo isso. Não há como dissociar uma coisa da outra e indicar, por exemplo, uma única fundamentação para cada uma das fases da trilha. Assim, você lerá neste capítulo uma soma de tudo que aprendi durante décadas de caminhada em própria trilha da vida!

com Jesus já ressuscitado e se transformou em Paulo, o apóstolo, e então começou a próxima fase de sua vida.[56] Antes, ele perseguia os cristãos; depois, se tornou um dos mais proeminentes pregadores do evangelho de todos os tempos. A trilha da vida nos oferece experiências que alinham o nosso propósito com o nosso destino.

Então, vamos lá, pois, para ser um especialista em pessoas, você terá que entender muito sobre si mesmo.

Fase 1: aprendizagem e modelagem

É aqui, nesta fase, que a sua ideia e a sua interpretação sobre pessoas nasce. Sua forma de ver relacionamentos surge justamente neste período. A infância nos modela, acredite!

Isso vale para você e para as pessoas com quem você convive. Lembre-se sempre disso.

Esta é a primeira fase da vida de qualquer um, rico, pobre, cristão, muçulmano, judeu, gordo, magro, japonês, branco, negro, não importa. A fase 1 da estrada da vida é aprendizagem e modelagem.

"Tiago, o que isso quer dizer? Não estou entendendo", você pode estar pensando.

Permita-me, então, explicar: nos primeiros anos da sua vida, você aprende coisas que vão determinar como você vai lidar com essa passagem aqui na terra, e você modela coisas, positivas ou negativas.

A aprendizagem, assim como a modelagem, pode ser uma bênção ou uma maldição.

Vejamos alguns exemplos: você pode ter se modelado num tio. Quando era pequeno, você o teve como modelo; porém ele era uma pessoa "espertinha" e aquilo acabou se tornando um modelo negativo para você. Talvez a sua modelagem tenha sido feita a partir de um pai provedor, mas violento, que batia na sua mãe. Ou ainda, a sua modelagem foi de uma prima, sempre alegre e divertida, mas que gostava muito de falar de quem não estava por perto.

Assim, temos modelos bons e ruins, aprendizados bons e positivos e ruins e negativos. Então, é muito importante saber que você vai

---

56 O texto que apresenta a transformação de Saulo em Paulo está registrado em Atos 9.

modelando a sua vida e aplicando o seu conhecimento por meio do comportamento, do que você fala e das pessoas com quem você anda por causa dos primeiros anos desta estrada da vida.

UMA COISA É CERTA: VOCÊ PASSOU POR MODELAGEM E APRENDIZAGEM.
OUTRA COISA É GARANTIDA: AS PESSOAS QUE EXERCERAM ESSA INFLUÊNCIA SOBRE VOCÊ NÃO ERAM PERFEITAS!

A sua infância e o início da sua adolescência foram o período em que você aprendeu coisas como amor ou ódio, respeito ou rebeldia, honra ou revolta. E você modelou tudo isso por meio da convivência com pessoas.

Entenda que muita gente que o cerca hoje em dia, que você considera complicada e difícil de lidar, teve essa infância difícil de maus aprendizados e modelos. É exatamente por isso que certas pessoas (por exemplo, que possuem um grave desvio de conduta sexual, sendo ou extremamente retraída ou muito "afobada" nessa área) costumam ter episódios correlatos que as marcaram, quando estudamos a infância delas (retomando o exemplo: abuso sexual, exposição à pornografia ou acesso precoce a contatos físicos).

Certa vez, atendi a um rapaz que, com 8 anos de idade, já era levado pelo pai para casas de prostituição. Como se não bastasse aquele mal, o pai ainda o obrigava a se prostituir mesmo sendo criança. Ainda que não dê para entender tal atitude, isso se tornou um modelo para o rapaz. Na fase adulta, ele começou a ter muitos problemas, inclusive com o tratamento dispensado às mulheres, pois o modelo que ele aprendeu, inconscientemente, foi muito ruim. Ele não fazia por escolha, era algo inconsciente.

O aprendizado dele foi: mulher serve para ser usada. Então, muita gente está errando com você hoje NÃO porque é má, mas, SIM, por causa do padrão de aprendizado e de modelagem que recebeu na infância e no início da adolescência e que a transformou no que ela é hoje.

É por isso que o livro da sabedoria milenar diz: "Não julgueis, para que não sejais julgados".[57] Não conhecemos o passado dela, como foi

---

57 Mateus 7:1.

construído esse padrão, essa modelagem. Algumas vezes, até conhecemos a história, mas não é possível sabermos a extensão do sofrimento ao qual foi submetido. Então, é realmente muito importante que você pratique a sabedoria milenar: não julgue, para não ser julgado. Por quê? Porque cada pessoa tem um padrão de modelagem e de aprendizagem, cada indivíduo passou por uma experiência diferente.

Tem gente que passou uma infância sem problemas financeiros, comia o queria, tinha acesso a férias; outros tiveram que sair para trabalhar com 8 anos a fim de poder comer e ainda ajudar a alimentar o restante da família. Então, é claro que a aprendizagem e a modelagem de quem começou a trabalhar com 8 anos de idade é diferente da aprendizagem e da modelagem de quem sempre teve tudo.

O adulto de hoje, o você de hoje, é fruto da fase 1 da trilha da vida: aprendizagem e modelagem. Isso inclui: o que falaram para você na infância, as experiências que você teve, as coisas que você viu e ouviu, tudo isso vai modelando e se transformando em conhecimento positivo ou negativo para você. Esse é o início da nossa vida.

As pessoas tomam decisões na estrada da vida de acordo com a modelagem e a aprendizagem que tiveram: Paro ou continuo? Caso com Fulano ou com Sicrano? Gasto ou economizo? Aproveito este momento ou postergo o prazer? A resposta para cada uma dessas e de todas as demais perguntas da vida é escolhida por meio da influência que você recebeu: aprendizado e modelagem.

Muitos hoje estão sofrendo emocionalmente, sofrendo financeiramente, ou em alguma outra área, por sua modelagem ter sido zero de conhecimento na infância. A pessoa é totalmente ignorante quando se trata de destino, de tomar decisão, de escolher pessoas e amigos.

A primeira fase da vida é aprendizagem e modelagem. Mesmo que você não tenha escolhido quem foi influência para você, se foi coisa do acaso, ou se foi a vontade de Deus, ou ainda se seus pais erraram com você, não importa como deseja abordar essa situação, você aprendeu coisas e modelou coisas.

Qual, então, é a segunda fase? Agora as decisões começam a depender mais de você. Muitas escolhas serão exclusivamente suas. Você começou a viver a vida, é a fase da adolescência em diante, da juventude. Você é quem escolherá fazer faculdade ou não, optará por trabalhar, escolherá com quem vai se casar, ou seja, vai começar a sua vida. A segunda fase da estrada da vida, na verdade, ainda está muito relacionada com a primeira, o segundo ponto dessa trilha da vida, a segunda "parada de ônibus" são tentativas e frustrações.

"A VIDA É COMO UMA BICICLETA.
PARA MANTER O EQUILÍBRIO,
BASTA SEMPRE SEGUIR EM FRENTE."

ALBERT EINSTEIN

Fase 2: tentativas e frustrações

Lembro que decidi ser empresário aos 22 anos. Não queria mais passar por algumas privações que já havia sofrido no passado, não queria depender de ninguém, por causa da minha modelagem de infância, o meu aprendizado inconsciente durante a infância e a adolescência, eu disse que seria empresário. Coloquei isso na cabeça e fui tentar ser.

Então, preste atenção: tentativa e frustração é a fase logo após modelagem e aprendizagem. Agora, com base no que você aprendeu e naquilo em que se modelou, você vai tentar coisas na vida, no âmbito profissional, no amor, nos negócios, nos relacionamentos. Você vai fazer tentativas, pois você não tem a mínima ideia se é isso mesmo que você quer.

A maioria das pessoas hoje não sabe muito bem o que quer, pode acontecer de você conversar com alguém que esteja prestando o Enem para cursar Medicina Veterinária simplesmente porque gosta de animais, mas não tem certeza se é isso mesmo o que quer. Há pessoas que, no dia do próprio casamento, se você perguntar se ela tem certeza do que está fazendo, não sabe responder "sim" nem "não".

As pessoas não têm certeza das coisas porque a fase 2, de tentativa e frustração, é um período de incertezas. Ela, inclusive, coincide com o fim da adolescência e o início da fase adulta. É nessa fase que sempre vão tentar, porque na vida não dá para ficar parado. Em meio a todas as tentativas, certamente acontecerão erros e frustrações.

Você erra e as pessoas também erram com você, é isso que gera as frustrações.

Eu mesmo me empenhei em várias tentativas que me deixaram frustrado. Uma delas foi quando abri uma empresa, tive vários resultados considerados positivos, que na verdade não eram os resultados da minha vida e, com isso, mais cedo ou mais tarde a frustração chegava.

Então aprendizagem e modelagem estão dentro da primeira fase da vida, enquanto tentativas e frustrações estão na segunda.

Talvez você esteja quebrado, frustrado, no fundo do poço, ou talvez você simplesmente deseje algo novo, queira estudar, ter experiências com Deus, e esse ponto de novas decisões após tantas frustrações na vida é o que vai gerar o encontro com o seu propósito.

SUAS FRUSTRAÇÕES PODEM LEVÁ-LO A TOMAR DECISÕES QUE GERARÃO UM ENCONTRO COM O SEU PROPÓSITO.

Anote isso porque é aqui que vai começar a fase 2 da trilha da vida. A sua trilha da vida começou oficialmente no momento em que você saiu da barriga da sua mãe.[58] Logo nos primeiros segundos, você entrou na fase de aprendizagem e modelagem, tudo isso de forma inconsciente, você não escolheu o que aprendeu, as pessoas que tomou como modelo, isso simplesmente aconteceu com você e formou quem você é, principalmente na fase da adolescência.

Na fase 2, da tentativa e frustração, você tenta se casar, tenta abrir um negócio, tenta fazer uma faculdade, passa por muitas frustrações até que chega um momento da vida, às vezes aos 30, 40 ou 50 anos de idade, em que você fala: "Não aguento mais sofrer, não aguento mais tentar e me frustrar". Esse ciclo de tentativas e frustrações leva você a investir um tempo maior com Deus ou um tempo maior nos estudos, fazendo que você descubra o seu propósito! E, quando você descobre o seu propósito, é que começa a fase 2 de verdade!

Entra aqui a voz da experiência! Eu passei por tudo isso, tive muitas coisas ruins e negativas que me modelaram. São essas experiên-

---

58 Apesar de eu acreditar que a vida começa na concepção, é apenas no momento do nascimento que uma pessoa passa a ser considerada como tal, antes estava em formação.

cias que tive no meu passado que me permitem passar para você um pouco do que aprendi com tudo o que passei e superei. Tem muita gente que pensa que minha vida toda foi sempre boa; muito pelo contrário, foi bem traumática!

Logo que entrei na fase das tentativas e frustrações, quebrei uma empresa e quase perdi tudo. A única coisa que não perdi foi a minha família, mas quase destruí o meu casamento. Quebrei financeiramente, quebrei emocionalmente, foi tudo terrível. E foi justamente nessa fase em que eu estava no fundo do poço que descobri o meu propósito e entrei na terceira fase da vida.

EXISTEM DUAS COISAS BOAS EM CHEGAR AO FUNDO DO POÇO:
1. NÃO DÁ PARA DESCER MAIS QUE ISSO;
2. O ÚNICO LUGAR PARA O QUAL DÁ PARA OLHAR É JUSTAMENTE PARA CIMA.

No meu caso, eu descobri que o meu propósito de vida era treinar pessoas. Eu nasci para isso, então, do que adiantou ter empresa de turismo? Do que adiantou ter trabalhado com música? É claro que ter tido essas experiências me fez crescer muito, e ajudou a construir quem sou hoje. O trabalho com música me ensinou a lidar com pessoas, a fazer negociações, por exemplo, enquanto no turismo eu levava grandes líderes para Israel e aprendi a lidar com essas pessoas importantes. Tudo isso contribuiu, eu não desprezo a preparação que recebi por essas profissões, mas, por outro lado, a minha demora em entender o meu propósito gerou também frustração, pois é o que acontece enquanto o propósito não é descoberto. É claro que as frustrações também me possibilitaram obter muito conhecimento que hoje partilho, nada é mero acaso. Veja, porém, que eu poderia ter aprendido de outras formas, sem tanta frustração.

Quando finalmente entrei na terceira fase da vida, em que eu descobri que minha missão era treinar pessoas, surgiu uma grande questão: "Como eu vou fazer isso? Não tenho formação nem conhecimento para isso".

Tudo o que eu tinha era vontade de fazer e uma confirmação divina dentro de mim. Contudo, eu não possuía os meios para fazer. Foi então que eu peguei os poucos recursos financeiros que eu tinha e decidi investir tudo no que eu acreditava ser o meu propósito de vida.

"O reino dos céus é também semelhante a um tesouro oculto no campo, o qual certo homem, tendo-o achado, escondeu. E, transbordante de alegria, vai, vende tudo o que tem e compra aquele terreno."[59]

Ao encontrar o seu propósito, seja firme, venda tudo, invista-se nele de corpo e alma. De pensamento e de matéria, porque é o seu propósito que vai levar a sua vida ao novo patamar.

PESSOAS SÃO ASSIM

No longa-metragem *Toy Story 4*, da Disney Pixar, um novo personagem vem fazer companhia para Woody e sua turma, o Garfinho. Bonnie construiu Garfinho na creche usando material reciclado. Quando chegou para ficar com os demais brinquedos, Garfinho tinha plena convicção de não passar de um item descartável e, como tal, pertencente ao lixo.

O xerife Woody passa parte da trama aconselhando Garfinho a aceitar sua condição de brinquedo, cujo destino é viver aventuras com sua dona, Bonnie, e o restante da turma. Contudo, isso de nada adiantava. Bastava Garfinho ver uma lixeira para começar a gritar a plenos pulmões: "Lixo! Lixo! Lixo!", e se jogar no meio da imundície. E lá ia então o nosso herói que não desiste dos amigos, o xerife Woody, resgatá-lo.

Certo dia, porém, Garfinho é feito refém por um brinquedo mau e passa a entender cada palavra e gesto de Woody. Quando compreende finalmente o seu propósito e passa a lutar por ele, Garfinho se transforma!

---

59 Mateus 13:44.

> Pessoas são assim: enquanto elas não descobrem ou não aceitam o seu propósito, ficam lutando em tentativas e fracassos. Todavia, não desista delas mesmo assim, um dia, cada palavra passa a fazer sentido, e ela cumprirá o seu propósito.

Fase 3: descoberta de propósito

Aqui, tudo muda!

Existem pessoas que passaram dos 50 anos de idade, mas ainda estão na fase 2, das tentativas e frustrações. O que separa uma pessoa que está na fase 2 das que chegam ao fim da trilha da vida com sucesso é a descoberta do seu propósito de vida. É com a descoberta de propósito que se inicia o processo de errar menos, escutar mais, adquirir sabedoria e focar somente naquilo que você nasceu para fazer.

Eu sou um treinador de pessoas. Ninguém confunde a minha identidade. Já sei quem sou e o que tenho que fazer. Com isso, a vida fica muito mais fácil.

- Aceitar ou negar uma proposta?
- Com quem devo andar e de quem devo me afastar?
- Qual é o próximo passo?

Essas escolhas e outras semelhantes são possíveis porque sei qual é o desígnio divino para a minha vida.

Como relatei no Capítulo 1 do livro *12 dias para atualizar sua vida*,[60] há várias formas de você se aproximar dessa descoberta. Eu o aconselho a também ler essa obra, que vai ajudá-lo nesse processo de busca.

Um item essencial que abordo no capítulo mencionado é a Ideia Central Permanente (ICP) que rege a sua vida. Todos os seus projetos, títulos e sonhos giram em torno de uma ideia central que nas-

---

60 BRUNET, Tiago. *12 dias para atualizar sua vida*. São Paulo: Vida, 2017.

ceu com você, mas não necessariamente deixará de existir quando você morrer. A ideia central permanente de Martin Luther King Jr., por exemplo, era a igualdade social e racial. Isso nasceu com ele e continuou ecoando mesmo depois de sua morte.

Descubra as suas habilidades e o que deixa você revoltado, analise o que você fala e aquilo que as pessoas querem ouvir, encare os processos da vida e você estará no caminho para desvendar o seu propósito.

Agora, vou revelar uma ferramenta que utilizo quando atendo celebridades que, apesar de já estarem vivendo o sucesso, se sentem vazias por não saberem o seu desígnio:

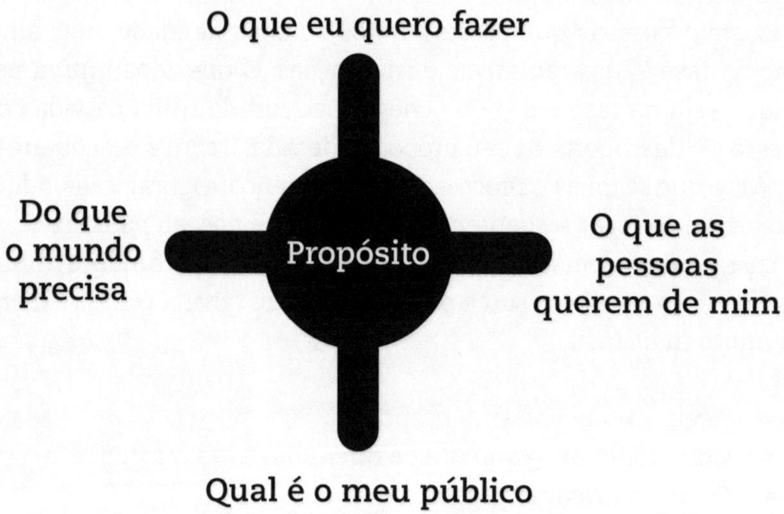

Esse exercício me alinhou completamente de uns tempos para cá. Veja isto:

- Eu queria ser reconhecido como escritor;
- As pessoas me viam como um pastor/ mentor;
- O mundo precisava de instrução e conhecimento;
- O meu público era 70% cristão (católicos e evangélicos); e os outros 30% pessoas sem religião, mas que buscavam o desenvolvimento pessoal por meio de instruções bíblicas.

Ficou claro que o meu propósito seria a soma do meu destino profético (aquilo que Deus planejou para mim) e das minhas habilidades naturais (dons e talentos). O resultado disso selecionava o público que parava para me escutar.

Então, aplicando essa ferramenta a mim mesmo, descobri que deveria diminuir a energia e o investimento financeiro que eu aplicava em ser escritor, pois os meus resultados vinham do que as pessoas esperavam de mim: palestras e pregações.

Reparem, não parei de produzir conteúdo editorial. Levei quase um ano inteiro escrevendo este livro, por exemplo. Contudo, sim, realoquei as minhas prioridades.

O mundo precisava do que eu tinha para dar, e eu precisava alinhar tudo isso ao tipo de público que queria me escutar. Foi aí que reforcei publicamente minha imagem como a de um mentor espiritual que treina pessoas para alcançarem uma vida melhor.

Reorganizei o meu tempo e os meus investimentos dando total preferência à gravação dos vídeos que são divulgados on-line, e deixando a escrita de livros para segundo plano, apesar de essa atividade ser vital para a minha realização pessoal e o cumprimento do meu propósito.

Comecei, então, a viver o meu destino intensamente!

Quando se descobre o propósito de vida, isso não quer dizer que agora você está preparado para agir. Na verdade, a maioria das pessoas não sabe o que fazer e como utilizar o propósito recém-descoberto. Por isso a fase 4, que veremos a seguir, é tão importante.

Fase 4: aperfeiçoamento e treinamento

Quando descobri o meu propósito, eu passei a andar com pessoas que já faziam o que eu queria fazer, assim pude aprender como se faz; comecei a ler de cinco a dez livros por mês, muitos deles com assuntos relacionados a inteligência emocional, *coaching* e liderança. Além disso, comecei a investir em cursos, mesmo com poucos recursos, pois eu havia acabado de sair de uma "quebra" no aspecto financeiro e emocional, passei a pagar almoços para pessoas que sabiam mais do que eu, para simplesmente aprender mais por meio desses encontros. É possível modelar muitas coisas mesmo na fase adulta. O comportamento que leva ao sucesso é um exemplo disso. Se você modelar a forma como pessoas de sucesso se comportam, você terá mais chances de alcançá-lo.

Então, a fase 4 da trilha da vida é aperfeiçoamento e treinamento. Vamos recapitular os pontos que vimos até aqui:

- A trilha da vida começa com aprendizagem e modelagem, quando você aprende muitas coisas e é moldado por pessoas, tudo isso de forma inconsciente.
- Depois começam as tentativas e frustrações, nas quais experimentamos muitas coisas e erramos diversas vezes.
- Em seguida, entramos na fase da descoberta do nosso propósito de vida, e nessa hora você começa viver a sua vida de verdade, pois até então você estava tentando viver a vida dos outros.

Agora, com o propósito identificado, damos início à fase 4 que é aperfeiçoamento e treinamento. Nessa fase, você terá que pagar o preço para ser polido e remodelado. Não é fácil, mas é o caminho que você tem que percorrer para prosperar e começar a ter uma vida relevante.

O aperfeiçoamento também deve ocorrer no comportamento. Eu, por exemplo, não podia me comportar como se quisesse ser um treinador de pessoas. Era preciso que eu me vestisse diferente, falasse diferente, tivesse conversas diferentes. Assim, tive que aperfeiçoar não somente o meu conhecimento, mas todo o meu comportamento. Quando eu aprendi e mudei o meu comportamento, passei para a fase 5 da trilha, que é o alinhamento da comunicação.

Caro leitor, confie em mim, essa fase também é fundamental para você ser um especialista em pessoas, entender a si mesmo e aqueles que o rodeiam. Afinal de contas, as pessoas nos interpretam de acordo com o que comunicamos. Veremos isso na fase 5.

Continuando a falar sobre a importância de ser treinado, tenho um exemplo que dou em algumas de minhas palestras a respeito de empreendedorismo e espiritualidade. É uma pergunta sobre segurança:

"Se você fosse milionário e tivesse que contratar um guarda-costas para o seu filho, você convidaria um soldado do Bope (Batalhão de Operações Especiais) ou um soldado comum do quartel?".

A maioria responde: "Bope", é claro! Então, continuo: "E qual é a diferença entre os soldados?". Nesse momento, todos gritam: "TREINAMENTO!".

Sim, repito sempre esta frase:

O NÍVEL DO SEU TREINAMENTO DETERMINA
O RAIO DA SUA INFLUÊNCIA.

Invista mais para aprender, ser remodelado, crescer por dentro. Isso tem de ser prioritário! Busque isso mais do que qualquer outra coisa. O que vai fazer você ser escolhido pelo seu público e, principalmente, se manter de pé nos dias difíceis é o nível do seu treinamento.

Entenda que esse investimento não é apenas financeiro. Você deve investir tempo com pessoas que sejam novos modelos para você. Deve investir em conhecimento, e fique atento, pois há muito conhecimento de alta qualidade gratuito!

Agora, se você é uma pessoa treinada, que lê livros, se esforça para desenvolver sua inteligência e suas capacidades, mas está casado com alguém que se contenta com qualquer coisa, que não sonha, que é pessimista, pode haver conflito no seu 2 em 1.

Preste atenção a isto: geralmente achamos que o cônjuge não nos ama, que ele não presta, que descuida de nós etc. A verdade, contudo, é que você está vivendo a fase do treinamento e aperfeiçoamento e talvez seu cônjuge nem tenha descoberto o propósito de vida dele ainda.

Não julgue, AJUDE!

NA TRILHA DA VIDA, VALORIZE AQUELES
QUE TORNAM A SUA CAMINHADA MAIS FÁCIL.

Fase 5: alinhamento da comunicação

De que adianta eu descobrir o meu propósito de vida e treinar para isso senão souber explicá-lo para as pessoas? Hoje em dia, você é o que as suas redes sociais dizem! Então o alinhamento da comunicação tem a ver com suas redes sociais, o que você posta e com quem você posta; o que você veste e o que fala também são aspectos muito importantes. É necessário que toda a comunicação esteja alinhada: a forma de se vestir e de falar, o conteúdo das postagens e as associações (como pode ser visto no Capítulo1).

Suponhamos que hoje eu tenha saído para jogar futebol, eu não preciso tirar uma foto e publicar isso, porque, se eu jogo ou não, isso não interfere diretamente no meu propósito de vida.

Então, se eu passo uma informação que não está alinhada com o meu propósito de vida, acabo confundindo as pessoas que me seguem, e elas podem até deixar de me seguir.

Tudo o que você publica em suas redes sociais define quem você é e seleciona o seu público.

Vivo isso todos os dias. Às vezes, estou em um bom restaurante jantando com pessoas famosas, tiro a foto, mas, na hora de postar, reflito: "O que isso vai agregar na vida dos meus seguidores? Eles vão aprender algo com isso, ou eu só quero mostrar que estou vivendo um bom momento?".

TUDO QUE VOCÊ FAZ COMUNICA ALGUMA COISA. CUIDADO COM ISSO!

Pense comigo: "Como você vê o Tiago Brunet hoje?". Provavelmente você responderá: "Ah, é um cara sábio, ajuda as pessoas, prega bem, é um empreendedor, um pai de família, uma inspiração". (Não tenho intenção de parecer arrogante, escolhi essas qualidades por serem o tipo de definição que recebo diariamente pelas redes sociais.)

Você me vê como um pai de família. Mas como você me veria se eu postasse fotos de camisa aberta dentro de um carro esportivo?

Você me vê como um empreendedor. Mas como me veria se eu estivesse sempre com problemas financeiros?

Você me vê como um homem sábio. Mas como me veria se eu ficasse "batendo boca" com *haters* na internet?

Se eu fizesse essas coisas, em quanto tempo você mudaria de ideia a respeito de mim?

Leia esta história bastante conhecida:

Acontecia, na casa de Júlio César, no dia 1° de maio do ano 62 a.C., a festa da *Bona Dea* (boa deusa). Era uma orgia reservada somente para as mulheres. A celebração fora organizada por Pompeia Sula, segunda mulher de Júlio César. Os registros históricos dizem que ela foi uma mulher jovem e muito bela.

Certo jovem rico e atrevido, que estava apaixonado por Pompeia, Publius Clodius, se disfarçou de tocadora de lira para conseguir ir à festa e ficar perto da amada.

Contudo, Aurélia, mãe de Júlio César, descobriu o disfarce em tempo de não haver nenhuma relação.

No mesmo dia, todos os romanos ficaram sabendo da história, e César decretou seu divórcio de Pompeia.

César foi chamado para depor contra Publius Clodius, mas disse que não tinha nada contra ele. Isso causou espanto geral entre os senadores: "Então, por que se divorciou da sua mulher?". A resposta tornou-se famosa: "A mulher de César deve estar acima de qualquer suspeita".

À MULHER DE CÉSAR, NÃO BASTA SER HONESTA, DEVE PARECER HONESTA.

Nossa comunicação nos define. Atitudes, relacionamentos, vestuário, vocabulário, tom de voz e por aí vai.

Quando entendi que, ao cumprir o meu propósito de vida, as pessoas criariam uma imagem de mim e isso definiu o meu público, eu alinhei a minha comunicação para não frustrar nem escandalizar quem me admira.

Às vezes estou em casa, e Jeanine me pede para ir ao mercado buscar alguma coisa. Eu começo a me arrumar todo, e ela reclama: "Poxa, é só pra ir até ali na esquina". Mas eu sempre explico que algumas pessoas vão me reconhecer e me abordar na rua e, por respeito a elas, estarei arrumado.

Certa ocasião, estávamos jantando com as pessoas mais influentes da cidade em um evento fechado, eu estava à mesa com pessoas realmente famosas e importantes. Quando o fotógrafo do evento se aproximou para tirar foto da nossa mesa, pedi permissão aos colegas do lado para retirar a garrafa de vinho que estava ali. Não acho que é pecado beber vinho, mas não posso escandalizar quem pensa diferente de mim.

Sim, vivemos para os outros, não para nós mesmos. Se eu faço o outro "pecar" por causa das minhas atitudes, quem será julgado?

Sou reconhecido por milhões de pessoas como pastor. Preciso alinhar minha comunicação a isso sempre, entende?

E você, percebeu que precisa alinhar alguma coisa em sua vida?

"NÃO HÁ CÉU SEM TEMPESTADES, NEM CAMINHOS SEM ACIDENTES. NÃO TENHA MEDO DA VIDA, TENHA MEDO DE NÃO VIVÊ-LA INTENSAMENTE."
AUGUSTO CURY

Fase 6: resultados

Somente depois de percorrermos todas essas fases é que passamos para a última fase, a tão desejada fase dos resultados.

Depois que você se alinha, estando aperfeiçoado e treinado, os frutos começam a surgir e chamamos isso de resultados.

Alguns sinais desse crescimento (no meu caso, pelo menos) foram:

- aumento de convites para ministrar palestras;
- mais seguidores nas redes sociais;
- prosperidade financeira;
- e todas as coisas boas que começaram a vir em minha direção.

Com isso, eu me lembrei de que, em outras fases da minha vida, eu também obtive resultados, comecei até mesmo a ganhar dinheiro, morar em um bom lugar, mas tudo foi passageiro.

Todos os meus resultados anteriores, apesar de parecerem bons, eram apenas ilusão. Eles se dissiparam como uma névoa na estrada com o calor do sol.

Como, então, eu poderia saber se o resultado que estou tendo hoje é consequência da fase 3, ou até mesmo da fase 2, de tentativa e frustração? Bom, é simples, você está antes ou depois da descoberta do propósito?

O QUE SEPARA A SUA VIDA DA FASE 2 PARA TODO O RESTANTE É A DESCOBERTA DO PROPÓSITO.

Por que eu sei que meus resultados de hoje são definitivos? Por que agora eu vou até o final da vida dando fruto? Porque eu descobri o meu propósito, então aqueles resultados que eu tinha na época que eu era empresário eram duvidosos, pois faziam parte apenas de uma tentativa. Os de agora, não.

Atenção: tudo parece bom nesta etapa da trilha, mas não é.

Distrações, tentações, conflitos emocionais, desgaste físico e mental, inveja, *haters*, muitos e muitos críticos se intensificam nessa fase.

Você não tem ideia da quantidade de líderes bem-sucedidos que me procuram para dizer: "Eu quero desistir de tudo!".

Não é fácil mesmo. Quando você acha que, depois de tudo o que passou na vida, agora é o momento de aproveitar, vem a fase da exposição que atrai todo tipo de complicações.

"O ÊXITO DA VIDA NÃO SE MEDE PELO CAMINHO QUE VOCÊ CONQUISTOU, MAS SIM PELAS DIFICULDADES QUE SUPEROU NO CAMINHO."

ABRAHAM LINCOLN

Conflitos desnecessários

Grandes problemas acontecem quando alguém que está na fase de descoberta de propósito convive com alguém que está na etapa dos resultados, por exemplo. Veja, um precisa focar no que nasceu para fazer, pois ainda não teve essa compreensão por completo, porém fica se comparando com o outro que já está colhendo os resultados disso.

A excelência emocional, a paciência e a sabedoria também divergem em cada fase, por isso, na convivência interpessoal, muitos conflitos desnecessários surgem.

Às vezes, não é que a pessoa está deixando você de lado, por exemplo, é que ela está em outra etapa e não entende bem o seu momento. Então, precisamos entender a trilha da vida.

Sou amigo de pessoas muito diferentes umas das outras. Estão em etapas diversas da caminhada, porém como eu sei em que fase estou, não misturo as coisas quando estamos juntos.

Exemplo: meus amigos de infância são os mesmos até hoje. Cada um teve sua vida. Uns formaram família, outros não; uns estão bem empregados, outros nem sabem o que é trabalhar. Então, quando nos encontramos, meu foco é rir das piadas que fazíamos no passado, lembrar das travessuras e bagunças que fizemos e desfrutar daquele encontro raro. Mas eu jamais comentaria algo da minha vida profissional com eles, justamente porque cada um está em uma fase. Para que vou provocar inveja, ciúme ou comparações?

Evite conflitos desnecessários. Assim como o que aprendemos nas três esferas de amizade, compartilhe informações com quem está vivendo aquele nível.

Seja maduro e aprenda de uma vez por todas a compartimentalizar informações.

Espiritualidade

Afirmo por estatísticas e não apenas pela minha fé pessoal, que é impossível vencer cada etapa da trilha da vida sem estar conectado espiritualmente a Algo Maior.

Somos limitados, fracos, indefesos e, acima de tudo, humanos.

RESPONDEU-LHE JESUS: "EU SOU O CAMINHO, E A VERDADE E A VIDA; NINGUÉM VEM AO PAI SENÃO POR MIM".[61]

Jesus é o caminho e, se andarmos por esse caminho, chegaremos ao destino final: a eternidade com o Pai. É nisso que eu acredito e é por isso que vivo. Pregar e anunciar as boas notícias da salvação. O seu corpo tem prazo de validade, a sua alma não precisa ter.

Na fé cristã, o caminho tem tanto valor quanto o destino.

Foi no caminho de Damasco que Paulo teve uma visão que mudou sua trajetória.[62]

Foi no caminho de Jerusalém para Jericó, segundo a parábola, que o homem conhecido apenas como o "bom samaritano" parou a fim de ajudar outro homem que fora assaltado e espancado.[63]

Foi no caminho para recuperar sua família sequestrada após o ataque a Ziclague, que Davi parou para socorrer um escravo egípcio e este se tornou um GPS para Davi encontrar rapidamente os inimigos e os abater.[64]

NO CAMINHO, TEMOS EXPERIÊNCIAS TRANSFORMADORAS E É NO CAMINHO QUE TAMBÉM AJUDAMOS PESSOAS.

A espiritualidade, ou seja, a conexão com Deus, não é somente intrapessoal, mas também interpessoal. Quanto mais ajudamos pessoas no decorrer da trilha, mais perto de Deus ficamos.

Pense na última caminhada de Jesus. Ele estava na Via Dolorosa. Seu corpo estava ensanguentado, com suor e terra misturados. Carregava a cruz na qual seria morto. As pessoas ao redor gritavam alvo-

---

61 João 14:6.

62 A história de conversão de Saulo, que teve o nome também mudado para Paulo e veio a se tornar um dos maiores apóstolos do cristianismo, está registrada em Atos 9.

63 A parábola do bom samaritano, que foi contada por Jesus, está descrita em Lucas 10:25-37.

64 Em 1Samuel 30 está registrado o saque a Ziclague, o sequestro da família de Davi (e dos demais israelitas), bem como o encontro com o escravo egípcio que transformou essa aparente derrota em mais uma vitória daquele rei.

roçadas. Os guardas o agrediam com palavras e socos. Quando foi posto na cruz, parou de pensar em seu próprio caminho de agonia para ajudar os que o estavam torturando, dizendo: "Pai, perdoa-lhes, porque não sabem o que fazem".[65]

Esse é o nível de maturidade a que precisamos chegar para que, no meio da trilha da nossa vida, a vida dos outros importe tanto quanto a nossa.

Pergunta e resposta

1. *Tiago, participei do curso "Trilha da Vida", em São Paulo, e, apesar de ser conhecido nacionalmente por minha arte, não sei se esse é o meu propósito de vida. Afinal de contas, não me sinto feliz e completo. Tenho milhões de pessoas à minha volta, mas sempre me sinto sozinho. O que fazer?*

Seu caso é muito comum. Fazer sucesso naquilo que não é o nosso destino é um risco que todos correm, pois certamente nos apegaremos demais ao que deveria ser apenas uma fase da vida, não o nosso motivo para viver. Certamente, a sua arte faz parte do cumprimento do seu propósito, mas apenas como uma contribuição. Um cantor tem a voz como ferramenta, o propósito é, por exemplo, transformar a vida das pessoas com as letras e melodias. Transformação é propósito, música é ferramenta. Espero ter ajudado.

Conclusão

Identifique em qual das seis fases apresentadas neste capítulo você está e comece a projetar o seu futuro.

Faça uma lista com o nome das três pessoas com quem você mais convive e identifique a fase de vida em que elas estão. Dessa forma, você poderá se autoconhecer e conhecer melhor os que o cercam.

---

65 Lucas 23:34.

Lembre-se: o que divide o *antes* e o *depois* da sua caminhada aqui na terra é a descoberta do *propósito* de vida que Deus lhe concedeu.

> "Deus costuma confiar grandes projetos a pequenas pessoas."

Capítulo 7

Espelhos da vida

Simpatia, carisma e associados

O mundo pode ser um palco, mas o elenco é um horror.
Oscar Wilde

Estou convencido de que nós somos os potencializadores dos sentimentos bons ou ruins que as pessoas levam em si.

Com um simples sorriso, somos capazes de melhorar o dia de alguém. Da mesma forma, com uma grosseria, conseguimos tornar pesado o ambiente, estragar o clima, machucar sentimentos.

Cada atitude positiva, cada gentileza, reflete no outro uma dose de bondade.

Cada reclamação, cada palavra dura, cada buzinada no semáforo recém-aberto, reflete no outro uma dose de amargura.

Você pode dar força aos sentimentos que estão dentro das pessoas. Tenha cuidado com o combustível que você coloca na fogueira do outro.

A canção “Epitáfio”,[66] que ficou famosa com a banda Titãs, traz uma pequena estrofe muito significativa:

> Queria ter aceitado
> As pessoas como elas são
> Cada um sabe a alegria
> E a dor que traz no coração

As pessoas que estão andando pelas ruas carregam alguma dor e alguma alegria que somente elas conhecem. Quando passamos por uma pessoa – algum desconhecido, ou mesmo alguém de nosso relacionamento mais distante, talvez um contornável, ou até mesmo um amigo estratégico, quem sabe –, nós enxergamos apenas os olhos caídos e o semblante fechado. Quem dera houvesse um tipo de aparelho de raio X emocional portátil que nos auxiliasse a decifrar o que se passa no interior de outro ser humano. Aliás, perfeito seria se conseguíssemos escanear os nossos próprios sentimentos, pois, muitas vezes, nós não conseguimos decifrar nem a nós mesmos. Este, na minha opinião, é o principal motivo de ferirmos e sermos feridos.

Todos os dias, saímos de casa para realizar nossos afazeres totalmente vulneráveis a qualquer ataque terrorista emocional.

Não vemos o nosso próprio rosto e a nossa postura corporal durante uma conversa. Também não analisamos cuidadosamente, ao fim de cada dia, um vídeo com o resumo do nosso comportamento. Por esse motivo, é mais fácil dizer que convivemos com pessoas difíceis do que reconhecer que nós, às vezes, é quem somos a origem das dificuldades. Entende isso? Releia esse parágrafo, por favor!

SE VOCÊ DESEJA MELHORAR ALGUÉM, MELHORE A SI MESMO.

Um conto popular bem conhecido diz o seguinte:

> Tempos atrás, em um distante e pequeno vilarejo, havia um lugar conhecido como a casa dos mil espelhos.

---

66 “Epitáfio” é uma composição de Sérgio de Britto Álvares Affonso e Eric Silver.

> Um pequeno e feliz cãozinho soube da existência desse lugar e decidiu visitá-lo. Lá chegando, saltitou feliz escada acima até a entrada da casa. Olhou através da porta de entrada com suas orelhinhas bem levantadas e a cauda balançando tão rapidamente quanto podia. Para sua grande surpresa, deparou-se com outros mil pequenos e felizes cãezinhos, todos com suas caudas balançando tão rapidamente quanto a dele. Ele abriu um enorme sorriso, e foi correspondido com mil enormes sorrisos. Quando saiu da casa, pensou: "Que lugar maravilhoso! Voltarei sempre, um montão de vezes".
> Nesse mesmo vilarejo, outro pequeno cãozinho, que não era tão feliz quanto o primeiro, decidiu visitar a casa. Escalou lentamente as escadas e olhou ressabiado através da porta. Quando viu mil olhares hostis de cães que o observavam fixamente, rosnou e mostrou os dentes. Ele ficou horrorizado ao ver mil cãezinhos bravos rosnando e mostrando os dentes para ele. Quando saiu, ele pensou: "Que lugar horrível, nunca mais volto aqui".
> Todos os rostos no mundo são espelhos.

Que tipo de reflexo você vê no rosto das pessoas que encontra?

Como afirmei para você desde o começo deste livro, para ser um especialista em pessoas, você precisa conhecer a si mesmo. Agora, vou desafiar você a uma jornada de autoconhecimento com algumas tarefas que podem ser realizadas todas ao mesmo tempo.

Tarefa 1:

Antes de dormir, pense sobre seu dia e escreva a respeito dos reflexos que você suscitou ao primeiro olhar que recebeu das pessoas hoje:

No trânsito ____________________

No trabalho ___________________

Na rua _______________________

Tarefa 2:

Ao acordar amanhã, escolha uma boa lembrança, uma boa música ou uma frase motivacional, fale sobre isso em voz alta, cante ou repita a frase para você mesmo. Como isso afetou o seu dia?

____
____
____
____

Tarefa 3:

Faça um experimento social. Teste dar um sorriso sincero para uma pessoa desconhecida, seja no trânsito, no restaurante, no supermercado, seja onde for, e anote a reação da pessoa.

____
____
____
____

Parecem coisas muito simples, não é mesmo? Contudo, lembre-se de que reconhecer as suas emoções e como elas afetam o seu dia e o dia das pessoas ao seu redor é algo imprescindível para um especialista em pessoas!

Você perceberá também que essas tarefas serão muito úteis para o aprendizado que você vai ter a seguir neste capítulo.

O poder da simpatia

(pessoas amam sorrisos)

É mais fácil obter o que se deseja com um sorriso do que a ponta da espada.
William Shakespeare

Já reparou que uma das exigências para ser estrela de Hollywood ou ator de comerciais famosos é ter um lindo sorriso? Já se deu conta de que um bom vendedor, que está doido para bater a meta do mês, atende você com um enorme sorriso?

Anualmente realizo um treinamento de liderança em Israel. Que experiência avassaladora é estar na terra onde o Mestre dos mestres nasceu, viveu e eternizou seus ensinamentos. Cada centímetro daquela terra é pura história. Cada esquina dá um livro.

Nossos grupos são divertidos e muito conhecimento é trocado durante o treinamento.

Atualização de vida, contatos estratégicos e experiências *in loco* são presentes incluídos em uma viagem como essa. Sem contar que estudar sobre "ser líder" na terra onde o maior líder da história ministrou seus ensinamentos é algo bastante marcante e transformador.

Muitas pessoas relevantes, como empresários, figuras políticas, jogadores de futebol e artistas da TV viajam conosco nesses grupos e, certa vez, o CEO de uma multinacional, que fazia parte da caravana, chamou-me para conversar em um cantinho do barco enquanto atravessávamos o fantástico Mar da Galileia. E ele me disse:

"Tiago, eu só escuto você porque o conteúdo é muito bom e pelo interesse que tenho de crescer ainda mais. Mas, se fosse por sua simpatia e seu carisma, eu nem chegaria perto de você. Na verdade, preciso me esforçar muito para ouvi-lo, pois vejo seu rosto rude e meu coração se fecha. Mas, quando escuto as suas palavras, entendo que é o melhor para mim. Se você desse alguns sorrisos durante o dia e cumprimentasse mais as pessoas do grupo, talvez as coisas melhorassem e todos o escutariam e o admirariam mais."

O quê?... Hello???!!!

Quer dizer que anos de estudo, mestrado, doutorado, uma experiência de vida absurda e todo o conhecimento acumulado, tudo isso pode ser REJEITADO porque eu não distribuo sorrisos por aí?

SIM. A resposta é sim!

O mundo não funciona do jeito que você quer, nem do jeito que eu quero, ele não gira da forma que você pensa. Qualquer pessoa que acredita ter a verdade ou estar sempre certa já está fadada ao fracasso. Então aprendi humildemente a lição!

Pessoas são emocionais, e se você não as ganhar emocionalmente primeiro, sua mensagem dificilmente entrará no coração delas. Seres humanos desejam, até mesmo de maneira inconsciente, estar ao lado de gente alegre, pessoas que estão sempre animadas, sorrindo e motivadas. Ninguém suporta caminhar com desiludidos. Ninguém quer estar ao lado de quem não vende esperança.

Com base em fatos, inclusive, posso afirmar que toda a sua preparação profissional pode ser condenada por uma única coisa: falta de carisma.

A revista *Forbes*, uma das maiores publicações sobre negócios e economia do mundo, entendeu que o carisma é essencial para a liderança, a tal ponto que publicou uma reportagem apontando quinze formas de desenvolver essa habilidade.[67]

Você pode ser excelente no que faz, uma pessoa de grande caráter, mas isso não tem nada a ver com seu sucesso. Se fosse assim, o famoso "171", aquele malandro que aplica golpes por aí e ganhou por apelido o número do artigo do Código Penal no qual deveria ser enquadrado, jamais teria êxito em suas tentativas. Esse tipo de espertinho se dá bem levando vantagem em cima das pessoas, não porque concluiu a faculdade ou porque é sincero, mas porque sabe lidar com elas, entende? Ele sorri, transmite confiança, toca nas pessoas, é atencioso, ele domina o assunto que atrairá cada tipo de "vítima".

Lidar com gente é bem complicado. Acho que você já entendeu isso!

Se você for um pouquinho egoísta, já perde a chance de se dar bem com outro ser humano. Se você colocar dinheiro acima da amizade, seus amigos se sentirão usados. Se você faltar a um compromisso familiar por causa do trabalho, vão julgá-lo como um *workaholic*. E por aí vai...

Agora, antes de continuarmos esta jornada, deixo aqui algumas perguntas importantes: até onde você está disposto a ir para melhorar como pessoa? Quanto você está disponível para investir em sua felicidade e, assim, poder fazer os outros felizes? Quanto você realmente quer ser um especialista em pessoas?

A SIMPATIA FACILITA A VIDA,
O CARISMA ATRAI PESSOAS.

---

67 Veja uma republicação do texto em: <https://www.ibe.edu.br/15-passos-para-aumentar-seu-carisma/>. Acesso em: 27 ago. 2019.

Ser simpático não é uma dica para se dar bem com seres humanos, mas é um princípio imutável de relacionamento saudável.

Apenas uma observação importante: eu, naturalmente, sou antipático.

Eu reconheço. Não consigo rir o tempo todo ou abraçar todos em uma sala. Tem algo em mim que me deixa recluso quando há muitas pessoas desconhecidas no mesmo ambiente que eu. Estou tratando isso a cada dia e tenho melhorado bastante. Você precisa saber que eu já poderia ter chegado ainda mais longe se tivesse distribuído mais sorrisos ao longo da vida.

Pessoas já me boicotaram em eventos mundo afora porque imaginavam que eu era altivo ou coisa parecida, pois eu entrava nas coletivas de imprensa sem abraçar ninguém. Quanto mais destaque você tiver na sociedade, mais as pessoas vão esperar essa entrega de você. Não as frustre!

Mas, enfim, treinei a equipe que viaja comigo a me policiar quanto ao humor.

Veja que interessante, descobri que, quando não durmo pelo menos por seis horas numa noite ou não me alimento de maneira correta durante o dia, o meu humor se altera drasticamente e a impaciência vem à tona.

Pense na minha rotina e, então, imagine!

Perco muitas madrugadas em aeroportos, em alguns dias da semana não consigo comer direito por causa dos compromissos. Se eu não estiver atento aos cuidados físicos e emocionais, terei uma grande chance de exibir, por onde eu passar, uma cara de apressado e cansado quando alguém vier falar comigo. Essas coisas negativas se espalham muito rápido por aí.

Vale a pena colocar foco no desenvolvimento da simpatia e do bom humor. Pense nisto: ser agradável e acessível às pessoas "de fora" é fundamental para o sucesso nos negócios e na vida; ser agradável e acessível com as pessoas "de dentro" (família, cônjuge e amigos) é uma questão de felicidade.

António Ramalho fez um texto muito perspicaz sobre isso:

A importância da simpatia

> ...porque a simpatia abre portas... ao diálogo, à compreensão, à boa convivência... e ao bom relacionamento...

> É a porta de entrada para as relações interpessoais... Um sorriso, a amabilidade, um olhar doce... quebram muralhas... e derrubam o gelo...
> Porque o outro ser humano... não tem culpa que a vida não nos corra de feição... ou que tenhamos problemas...
> Porque o outro ser humano... merece que o respeitemos...
> Porque se damos simpatia... na maioria dos casos receberemos simpatia...
> Porque se não damos simpatia... provavelmente também não iremos receber simpatia...
> Porque o nosso bem-estar interior estará diretamente relacionado com aquilo que cultivamos... e quem cultiva simpatia... recebe felicidade...
> Porque a simpatia deveria ser o nosso lema...[68]

Observe o quanto isso é verídico! Estudando para este livro, descubri que as pessoas reagem emocionalmente ao nosso semblante. Há ocasiões em que você entra numa sala e alguém que nem ao menos o conhece já pensa: "Não gostei desse cara!".

Sim, em geral, a sua feição é capaz de denunciar o estado do seu coração, jogando contra você mesmo.

O CORAÇÃO ALEGRE AFORMOSEIA O ROSTO.[69]

Ou seja, é o que está em seu coração (emoções) que determina como estarão suas feições faciais.

Vamos melhorar a cara? Vamos cuidar mais do nosso coração?

Anime-se! Você não está sozinho. Eu também estou nesse processo. Escrever este livro está me fazendo bem. E você, já está melhorando também?

Pessoas são assim.

---

68 Disponível em: <http://www.antonioramalho.com/pagina.asp?ID=212>. Acesso em: 27 ago. 2019.

69 Provérbios 15:13.

A comédia *Miss Simpatia*, brilhantemente estrelada por Sandra Bullock, apresenta a história de uma agente do FBI, Gracie Hart – que é uma pessoa bruta: desleixada para caminhar, come de boca aberta e se suja toda, arrota alto o tempo todo, tem uma risada que remete a um grunhido de porco –, designada para se infiltrar em um concurso de Miss América a fim de descobrir quem pode ser a próxima vítima de uma série de assassinatos. Acontece que Gracie precisa concorrer ao título com as demais candidatas, por esse motivo ela precisa contratar um *coach* de *misses*, Victor (Michael Caine), para ajudá-la a aprender a se comportar como se espera que uma *miss* se comporte .

Pessoas são assim: elas passam o tempo todo nos avaliando conforme nossa forma de vestir, caminhar, nos comportar e até mesmo rir! É imprescindível que um especialista em pessoas aprenda a lidar com essa necessidade de adequação.

Você é um espelho, e as pessoas avaliarão o que ele reflete! Seja prudente com seus reflexos.

É muito interessante. A cada dia percebo como a gente nunca acha que o problema está com a gente, mas, na verdade, geralmente está! Sabe o que é reconfortante nesse processo? Saber que desde que o mundo é mundo as pessoas já acham que o problema é alheio. Sim, eu também nunca estive sozinho nesta jornada, nem você! Veja só o que o maior especialista em pessoas de todos os tempos disse:

> Não julgueis, para que não sejais julgados. Pois, com o critério com que julgardes, sereis julgados; e, com a medida com que tiverdes medido, vos medirão também. Por que vês tu o argueiro no olho do teu irmão, porém não reparas na trave que está no teu próprio? Ou como dirás a teu irmão: Deixa-me tirar o argueiro do teu olho, quanto tens a trave no teu? Hipócrita! Tira

> primeiro a trave do teu olho e, então, verás claramente para tirar o argueiro do olho do teu irmão.[70]

Então, se até o evangelho de Jesus, do qual sou pregador e divulgador, salienta que o problema está com você, quer acusar quem? Olhe-se no espelho.

Quer julgar? Olhe no espelho

Quer apontar o dedo? Olhe no espelho e faça isso.

Se desejamos que os ambientes que frequentamos sejam melhores, precisamos estar bem para fazer o bem às pessoas, para que isso reflita no ambiente.

> É hora da mudança! É hora da mudança em você!
> Julgue menos!
> Fale menos!
> Irrite-se menos!
> Fira menos!

É preciso entender que o mundo mudou, e o maior capital de um ser humano hoje são seus relacionamentos.

Esta semana, tomei um café com o rei de *networking* entre os brasileiros famosos que vivem ou passam as férias nos Estados Unidos. Perguntei se ele tinha algum segredo para conquistar tanta gente estratégica e tornar-se amigo deles.

Ele disse sem pensar: "Sorrir!".

Um sorriso sincero é mesmo capaz de "ganhar" alguém. Já reparou no que acontece quando as pessoas veem um bebê? Basta um bebê chegar a uma festa que logo se reúne uma pequena multidão ao redor. Todos brincam com o bebê até que uma pessoa consegue arrancar um sorriso banguela e todos se derretem: "Ah, que fofura!"; "Óin, que coisinha mais linda!". Por outro lado, se a multidão acaba fazendo o bebê estranhar o ambiente e chorar, delicadamente as pessoas saem de perto: "Está cansadinho, né, vamos deixar

---

70 Fala de Jesus registrada em Mateus 7:1-5.

descansar!"; "Será que está com fome? Vou dar licença para você amamentar tranquila!".

Sorrir faz milagres em relacionamentos desde o berço.

QUEM GANHA UMA COISA NO CHORO, PODERIA TER CONQUISTADO 10 COISAS COM SORRISOS.

Jesus, o maior especialista em pessoas que já existiu

Vamos falar de quem entende do assunto quando se trata de pessoas: Jesus.

O carpinteiro de Nazaré não cursou psicologia, não fez um curso de *coaching*, nem mesmo estudou teologia ou gestão de pessoas. Ainda assim, ninguém se interessava tanto por ajudar pessoas como Ele. Ninguém jamais soube lidar com gente melhor do que Ele. Jesus esculpia a alma do ser humano com olhares e palavras.

Ele era chamado de Mestre por muitos. Isso não acontecia somente pelo fato de que Ele ensinava e ministrava conhecimento, mas porque Ele era capaz de transformar a vida de quem cruzasse o seu caminho.

Jamais alguém esteve com Jesus, ainda que por míseros cinco minutos e continuou da mesma forma.

Mas o que me impressiona é que Ele tinha a capacidade de mudar ambientes. Veja este exemplo:

> E os escribas e fariseus trouxeram à sua presença uma mulher surpreendida em adultério e, fazendo-a ficar de pé no meio de todos, disseram a Jesus: "Mestre, esta mulher foi apanhada em flagrante adultério. E na lei nos mandou Moisés que tais mulheres sejam apedrejadas; tu, pois, que dizes?". Isto diziam eles tentando-o, para terem de que o acusar. Mas Jesus, inclinando-se, escrevia na terra com o dedo. Como insistissem na pergunta. Jesus se levantou e lhes disse. 'Aquele que de entre vós estiver sem pecado seja o primeiro que lhe atire pedra".

> E, tornando a inclinar-se, continuou a escrever no chão. Mas, ouvindo eles essa resposta e acusados pela própria consciência, foram-se retirando um por um, a começar pelos mais velhos até os últimos; no meio do lugar onde estavam, ficou só Jesus e a mulher. Erguendo-se Jesus e não vendo a ninguém mais além da mulher, perguntou-lhe: "Mulher, onde estão aqueles teus acusadores? Ninguém te condenou?". Respondeu ela: "Ninguém, Senhor!". Então, lhe disse Jesus: "Nem eu tampouco te condeno; vai e não peques mais."[71]

Ele era o espelho perfeito do qual podemos falar.

A paz de Jesus em meio aos conflitos era contagiante!

Sua demonstração de fé encorajava os outros.

Seu rosto iluminava caminhos, sua voz apresentava destino a multidões, seu sorriso atraía as crianças.

Mas, muito mais importante do que isso, Jesus tinha uma profunda compaixão pelas pessoas. E esse é o maior legado de Cristo: o amor pelo próximo.

"Amarás o teu próximo como a ti mesmo."[72] É difícil, eu sei.

Esta semana, fui deixar os meus filhos na escola, e uma senhora, mãe de um dos alunos, emparelhou comigo, carro a carro, e começou a gritar. Ela histericamente esbravejava que eu tinha roubado a vaga de estacionamento dela.

"Eu estava com a P%^^** da seta ligada. Você é doente?", esgoelava a mulher, na tentativa de me humilhar na frente dos meus filhos. Eu apenas sorri, disse que não tinha visto que ela aguardava pela vaga (o que era verdade) e pedi perdão. Para ela, isso não bastava, e ela continuou gritando.

Isso revelou que o problema dela não era comigo, nem com a vaga e, sim, com ela mesma. Mas o que fazer com a raiva, com a vergonha, com o estranho sentimento de ser agredido e humilhado em público?

Bom, é exatamente para lidarmos adequadamente com situações como essa que precisamos nos espelhar nos exemplos de Jesus. Ele

----

71 João 8:3-11.

72 Mateus 22:39.

não só apontou a vida eterna, Ele também nos ensinou como viver bem por aqui.

Até mesmo quando estava em meio à sua pior dor em sua vida física, já pregado na cruz e sendo zombado pelos seus algozes, Jesus nos ensinou a forma ideal de lidar com as pessoas : "Pai, perdoa-lhes, porque não sabem o que fazem".[73]

Entender que as pessoas são ignorantes emocionalmente nos blinda espiritualmente.

Repito: eu sei que é difícil. Mas também sei que é possível.

Um dos trechos do livro da sabedoria milenar que mais me inspira sobre ser especialista em pessoas é este:

> Eis que veio um homem chamado Jairo, que era chefe da sinagoga, e, prostrando-se aos pés de Jesus, lhe suplicou que chegasse até a sua casa. Pois tinha uma filha única de uns 12 anos, que estava à morte.
>
> Enquanto ele ia, as multidões o apertavam. Certa mulher que, havia doze anos, vinha sofrendo de uma hemorragia, e a quem ninguém tinha podido curar [e que gastara com os médicos todos os seus haveres], veio por trás dele e lhe tocou na orla da veste, e logo se lhe estancou a hemorragia. Mas Jesus disse: "Quem me tocou?". Como todos negassem, Pedro [com seus companheiros] disse: "Mestre, as multidões te apertam e te oprimem [e dizes: Quem me tocou?]". Contudo, Jesus insistiu: "Alguém me tocou, porque senti que de mim saiu poder". Vendo a mulher que não podia ocultar-se, aproximou-se trêmula e, prostrando-se diante dele, declarou, à vista de todo o povo, a causa por que lhe havia tocado e como imediatamente fora curada. Então, Jesus lhe disse: "Filha, a tua fé te salvou; vai-te em paz.
>
> Falava ele ainda, quando veio uma pessoa da casa do chefe da sinagoga, dizendo: "Tua filha já está morta, não incomodes mais o Mestre." Mas Jesus, ouvindo isto, lhe disse: "Não temas, crê somente, e ela será salva". Tendo chegado à casa, a ninguém permitiu que entrasse com

---

73 Lucas 23:34.

> ele, senão Pedro, João, Tiago e bem assim o pai e a mãe da menina. E todos choravam e a pranteavam. Mas Jesus disse: "Não choreis; ela não está morta, mas dorme". E riam-se dele, porque sabiam que ela estava morta. Entretanto, ele, tomando-a pela mão, disse-lhe, em voz alta: "Menina, levanta-te!" Voltou-lhe o espírito, ela imediatamente se levantou, e ele mandou que lhe dessem de comer. Seus pais ficaram maravilhados, mas ele lhes advertiu que a ninguém contassem o que havia acontecido. [74]

Quantas coisas já aprendi sobre como me relacionar com pessoas com essa pequena parte da vida de Jesus:

- É importante ouvir as necessidades das pessoas com compaixão.
- As pessoas que estão na minha frente devem ser minha prioridade, o restante se resolverá no tempo certo.
- É bom levar paz a quem se aproxima de mim em busca de algo com medo da minha reação e da de todos ao meu redor.
- Se "de mim sair poder" (isso quer dizer: "se estiver ao meu alcance ajudar alguém"), será abençoador ouvir a história;
- Não permitirei que tirem a esperança de qualquer pessoa.
- Se Deus me disse que algo vai acontecer, é porque vai acontecer.
- Eu posso pedir segredo para pessoas, mas não significa que elas não espalharão a conversa.

Desafio você também a buscar a sabedoria do maior especialista em pessoas de todos os tempos, leia a Bíblia diariamente e aprenda ainda mais com os exemplos de Jesus e com os heróis bíblicos.

---

74 Lucas 8:41-56.

Seu corpo fala

Que a linguagem corporal é uma expressão dos seus pensamentos e sentimentos muita gente já sabe. O que talvez você ainda precise entender neste livro é que as pessoas vão instintivamente copiar a comunicação do seu corpo e serão afetadas emocionalmente por isso, seja de maneira positiva, seja de maneira negativa.

Muitas vezes, as palavras não expressam exatamente o que estamos sentindo, seja porque não conseguimos definir os nossos sentimentos, seja porque queremos esconder algo, já que é muito mais fácil controlarmos o que falamos do que controlarmos o nosso corpo.

Um estudo da Universidade da Califórnia[75] mostrou que apenas 7% da nossa comunicação é baseada em palavras. Quanto ao resto, 38%, vem do tom de voz e os 55% restantes provêm da linguagem corporal. Uma vez que essa forma de comunicação é tão importante, porque representa mais da metade da sua comunicação, aprenda a identificar os sinais que o corpo dá:

- Olhar para cima à direita: indica criação de imagens mentais.[76]
- Olhar para cima à esquerda: denota resgate de imagens da memória.[77]
- Olhar para cima: tentativa de recordar algo ou pouco-caso em relação ao que está sendo dito.[78]
- Levantar as sobrancelhas: preocupação, surpresa, medo.[79]
- Rir de olhos fechados: sorriso muito sincero.[80]

---

75 Mehrabian, A. Silent messages: Implicit communication of emotions and attitudes. Belmont, CA: Wadsworth, 1981.

76 Disponível em: <https://reorganiza.pt/como-interpretar-linguagem-corporal-o-lha/>. Acesso em: 27 ago. 2019.

77 Idem.

78 Disponível em: <https://www.vix.com/pt/bdm/comportamento/o-que-9-olhares-significam-interprete-o-que-a-pessoa-esta-dizendo-pelo-olhar>. Acesso em: 27 ago. 2019.

79 Disponível em: <https://www.hipercultura.com/linguagem-corporal/>. Acesso em: 27 ago. 2019.

80 Disponível em: <https://www.linguagemcorporalemfoco.com/a-linguagem-corporal-dos-olhos-que-voce-nao-ve/>. Acesso em: 27 ago. 2019.

- Balançar as pernas: pessoa chateada ou alheia ao que está acontecendo.[81]
- Cutucar o cantinho dos dedos ou a unha: ansiedade.
- Retrair os lábios: indicador de estresse.[82]

Isso é apenas uma amostra em meio à gama de informações que você transmite e o outro recebe e compreende sem que nenhum dos dois precise emitir uma única palavra. Assim, todo cuidado com a postura é importante.

Inimigos mortais dos seus relacionamentos

Em todas as áreas da nossa vida, há atitudes "amigas" e atitudes "inimigas".

Certamente você já esteve em contato com pessoas, na escola, na universidade ou no local de trabalho, que eram sempre do contra. Também já conheceu pelo menos uma que todo santo dia tinha pelo menos uma história triste para contar. E uma daquelas que, não importa o quanto você tenha se esforçado e seguido as orientações, logo lançava um olhar de reprovação e dizia: "Esse é o seu melhor?". Ah, claro, não podia me esquecer daquele tipo que, basta alguém começar a falar, logo interrompe porque algo similar já aconteceu com ele, só que muito mais fantástico.

Minha pergunta é: essa pessoa não era você?

Você tem dificuldade em escutar as pessoas? Você tem dificuldade em elogiar as pessoas? É difícil demais reconhecer quando você erra?

Lembre-se de que nós somos espelhos.

Aquilo que somos e como nos comportamos modela o mundo à nossa volta. Preste atenção ao modo como as suas atitudes refletirão:

---

81 Disponível em: <http://rochaniil.blogspot.com/2012/08/o-que-nos-contam-as-expressoes-corporais.html>. Acesso em: 27 ago. 2019.

82 Disponível em: <https://www.hipercultura.com/linguagem-corporal/>. Acesso em: 27 ago. 2019.

- Se você não escuta ninguém, fica cercado de bajuladores. Isso se você tiver algo a oferecer, pois, se não tiver, apenas ficará sozinho.
- Se você tem dificuldade de elogiar, fica cercado de problemáticos emocionais.
- Se você não reconhece os seus erros, fica no meio de pessoas ainda piores.

Observe ao seu redor e veja que isso é real! Na maioria dos casos, é assim que funciona na teoria dos incontornáveis ou na teoria 2 em 1. Experimente não elogiar o seu cônjuge ou tente não reconhecer o seu erro em um relacionamento a dois, ou ainda veja se é possível viver em família sem escutar ninguém.

Não estou falando apenas de carisma e simpatia, estou alertando sobre empatia e autoconhecimento. Para que você consiga desenvolver bons relacionamentos, para que possa se tornar um especialista em pessoas, você precisa admitir os seus pontos fracos e estar alerta para agir de forma que potencialize o seu melhor:

- Quando estiver em uma conversa, deixe o aparelho celular de lado. Olhe a pessoa nos olhos de tempo em tempo e demonstre que está atento ao que ela está falando.
- Procure algo para elogiar de maneira sincera, ainda que seja apenas a boa intenção da pessoa.
- Não tenha vergonha de admitir seus erros, é dessa forma que você pode melhorar em cada aspecto.
- Tenha em mente o quadro abaixo para se desviar dessas condutas.

Inimigos mortais dos relacionamentos	
Surdez emocional:	Não ouve ninguém
Egoísmo sentimental:	Não elogia ninguém
Orgulho espiritual:	Não reconhece os seus erros

Influenciadores emocionais

Eu tenho amigos de todos os tipos dentro das três esferas da amizade sobre as quais aprendemos no Capítulo 1. Tenho amigos simpáticos, outros engraçados e tenho um amigo resmungão que vive reclamando.

Quando estou meio *down* e preciso dar um *up* no meu humor, ligo para o meu amigo engraçado e marco alguma coisa. Só de estar com ele em um almoço ou em um café, tudo melhora. Várias vezes fui dar palestras mundo afora e paguei a passagem e a hospedagem desse amigo só para ficarmos rindo madrugada adentro. A vida fica muito mais leve assim. Precisamos de pessoas!

Quando estou bem e animado (graças a Deus, geralmente estou) ligo para meu amigo reclamão. Essa é a hora de eu ajudar a melhorar o dia de alguém. Em um grande evento que o Instituto Destiny realizou em São Paulo, convidei esse amigo tristonho para passar o dia comigo (visitar os bastidores, almoçar comigo e com a minha equipe etc.).

Nesse tipo de evento a adrenalina é altíssima, então o ambiente era perfeito para eu mostrar para ele o quanto a vida vale a pena ser vivida com alegria, como ter amigos e gente a sua volta determina esse nível de alegria e como reclamar e ser "cara fechada" contamina tudo e todos negativamente.

SOMOS ESPELHOS COM A OPÇÃO DE ESCOLHER
O QUE VAMOS REFLETIR.
PROVÉRBIO PORTUGUÊS

Agora você deve estar se perguntando: "Tiago, o que isso tem a ver comigo?". Ao que eu respondo: "Tudo!".

Você já conhece os inimigos dos relacionamentos, então pode se desviar deles. É chegada a hora de colocar em prática sua simpatia, compaixão, empatia e autoconhecimento e transformar para muito melhor o dia das pessoas que estão ao seu redor.

A partir do momento que você conseguir fazer isso, refletirá coisas boas ao mundo, e o mundo lhe retornará coisas tão boas quanto ou melhores!

Lembra-se das três tarefas que deixei para você no início deste capítulo? Você já as colocou em prática? Fez isso por apenas um dia ou escolheu incorporá-las à sua rotina? Como isso tem sido para você?

Se ainda não fez isso, já passou da hora, não?

Levante-se e seja um espelho que reflete o que há de melhor!

Pergunta e resposta

1. *Tiago, tenho assistido a todos os vídeos do seu canal no YouTube. Você enfatiza muito a questão de descobrir propósito (como se isso fosse fácil), de viver o seu destino (como se a gente o conhecesse) e de ter inteligência emocional ou fruto do Espírito (como você já ensinou). Mas a minha vida é a prova de que essas coisas não são fáceis de se ter e viver. Eu sei que preciso, mas não consigo fazer o que deve ser feito. Tem solução?*

Caro amigo. Obrigado por acessar nosso canal no YouTube. Recebemos milhares de testemunhos relacionados a cada mensagem que postamos lá e, pelo que você descreveu, vejo que assiste bastante aos nossos vídeos.

Eu enfatizo veementemente tudo o que você mencionou: Propósito, Destino e Vida Emocional são fundamentais para desfrutarmos a vida terrena enquanto a eterna não chega.

Se fosse fácil descobrir nosso propósito, viver nosso destino e ser equilibrado nas emoções, todos seríamos lindos, felizes e saudáveis. Mas gostaria de lhe entregar três chaves, que na verdade são os trunfos para você conseguir os três pilares acima:

- **Intimidade com Deus**
- **Disciplina**
- **Persistência**

Intimidade com Deus é falar com Ele mais do que com qualquer outra pessoa. Confiar Nele mais do que em qualquer um. Amá-lo acima de tudo e todos.

Disciplina é a capacidade de repetir diariamente tudo o que é preciso para descobrir propósito, viver destino e adquirir inteligência emocional.

Persistência é não desistir, não parar, não desanimar diante das lutas diárias necessárias para viver os três pilares.

Conclusão

No mundo ideal, não precisaríamos pensar sobre espelhos da vida. Todas as pessoas seriam empáticas, cheias de compaixão, sorririam, seriam servas umas das outras e amariam o próximo como a elas mesmas. Contudo, neste mundo real, a grande maioria das pessoas ainda é egoísta, orgulhosa e não se atenta às necessidades de quem está por perto.

Não podemos delegar ao outro toda a tarefa de estar "de bem com a vida" para retornarmos o mesmo para ela. Temos de ter iniciativa e escolher diariamente apresentar em nosso rosto um espelho que vai refletir para o outro o nosso melhor.

Chegou a sua vez! Faça diferente! Faça a diferença!

> "Acredite. O fato de você ainda estar sorrindo confunde algumas pessoas."

Capítulo 8

Laboratório milenar

Estudando o que já deu certo

Geralmente as coisas não se ajeitam sozinhas.
Você terá que PARAR e ir lá ajeitar.
Problemas não resolvidos hoje podem se tornar gigantes amanhã.

Ao longo de todo este livro, eu lhe mostrei dados preciosos sobre como você pode se tornar um especialista em pessoas. Mais que isso, eu apresentei a você teorias de relacionamentos que o ajudarão a se proteger contra ataques que possam atingi-lo de forma negativa. Conhecendo os que estão ao seu redor, bem protegido, refletindo o que deseja ao mundo, chegou o momento de entregar em suas mãos o grande trunfo de todo especialista em pessoas: tudo aquilo que já deu certo! Sim, as ferramentas que vou disponibilizar para você agora são testadas há milênios e garantidas!

O livro da sabedoria milenar, a Bíblia, nos ensina, nos orienta, nos conduz à verdade. Seus 66 livros, que somam o Antigo e o Novo Testamentos, nos mostram como viver aqui na terra e como lidar com outros seres humanos. Vamos nos basear no que já foi testado e aprovado, para podermos ser assertivos neste sopro de tempo que é a vida.

Bem, todos nós morreremos um dia. Já sabemos disso, não é?

A realidade, porém, é que vivemos como se isso não fosse verdade.

Sabe qual é a realidade? A verdade nua e crua é que o dia do seu enterro vai revelar quem você realmente foi enquanto esteve nesta terra. Há quem seja sepultado como indigente, e existem aqueles cujo funeral é transmitido ao vivo em rede nacional, pois trata-se da perda de seres humanos muito queridos.

Há pouco tempo, recebi uma ligação informando sobre o falecimento de uma conhecida. Eu a chamarei aqui de Eliane. Ela seria enterrada às 16h do dia seguinte, na cidade do Rio de Janeiro. Eu estava em viagem e não pude ir. Depois do enterro, liguei para um amigo em comum e perguntei:

"Como foi o enterro da Eliane?"

Ele então respondeu:

"Não sei, eu não fui."

"Como assim, você não era próximo da família?", indaguei.

Ele seguiu dizendo:

"Tiago, nem eu e nem muitos dos familiares compareceram para prestar as últimas homenagens. Eliane era uma mulher difícil, fez muitos inimigos. Tem gente que parece até estar aliviada porque ela se foi. Os filhos estão mais preocupados com os bens que vão dividir do que com a partida da mãe."

Amigos leitores, eu realmente acredito que ninguém gostaria de terminar assim: sozinho, sem ser amado, homenageado. Mas o fim de nossa vida é o resultado do que fizemos enquanto ainda respirávamos.

Todos querem um final feliz. Contudo, para tudo acabar bem, precisamos construir o *gran finale*. Como falei no Capítulo 4, quando abordei a teoria 2 em 1, final feliz só acontece se o construirmos diariamente.

Morreu [Davi] em ditosa velhice,
cheio de dias, riquezas e glória;
e Salomão, seu filho, reinou em seu lugar.
1Crônicas 29:28

Davi, o famoso rei de Israel, faleceu velhinho, sem doenças terríveis, com muito dinheiro no bolso e sendo honrado pelas pessoas. Você também deve saber que uma das maiores preocupações de quem construiu um legado é a sucessão, ou seja, quem vai dar continuidade a tudo que foi feito por aqui. Davi não viveu esse dilema. Quando partiu, seu filho Salomão assumiu o reino dando sequência àquilo que seu pai começou.

Repare nas palavras do próprio Salomão em Eclesiastes 7:8a.

"MELHOR É O FIM DAS COISAS DO QUE O SEU PRINCÍPIO."

Davi terminou a vida melhor do que quando começou e, sem dúvida, essa é a vida que todo mundo quer viver. Como todo ser humano, porém, o rei, que havia sido cuidador de ovelhas na adolescência, enfrentou duras batalhas no percurso de sua existência.

Davi teve problemas sérios com alguns incontornáveis. Sua esposa Mical[83] é um exemplo. Ele também precisou resolver sérios escândalos e algumas perseguições da parte de seus filhos.[84]

O rei cometeu erros que trouxeram graves consequências para sua vida e para Israel.

Mas, afinal, qual ser humano nunca errou?

Davi era intenso em tudo o que fazia. Era um guerreiro habilidoso com a espada, mas tinha um diferenciado e visível "temor a Deus", um respeito profundo pela vontade de Deus. Ele não ousava ir contra uma direção divina.

Isso, contudo, não impediu que, em alguns momentos de sua vida, ele quebrasse todas as regras da ética, da moral e do que chamaríamos hoje em dia de vida cristã. Por exemplo, ele deseja uma mulher que não é sua, se deita com ela, cria um complô para matar o marido dela e assim o faz.[85] Sim, Davi era humano e tinha impulsos como todo ser humano tem. É exatamente por isso que o estamos estudando. Ele era como a gente, mas ele **terminou bem**!

E como pode alguém que é tão "gente como a gente" ser chamado de "homem segundo o coração de Deus"?[86]

Bom, vamos lá:

---

83 Mical, filha do rei Saul, se apaixonou por Davi, grande guerreiro, e desejou se casar com ele. Depois, porém, ela carregou consigo um objeto indevido e, em outra ocasião, rejeitou o marido em seu coração. O registro da história de Mical e Davi pode ser lido em 1Samuel 14, 18-19, 25; 2 Samuel 3, 6 e 1Crônicas 15.

84 Tamar foi violentada pelo meio-irmão Amnom. Absalão, indignado, decidiu vingar com sangue a irmã e matou Amnom. Veja o registro em 2Samuel 13.

85 Esse foi o pecado de Davi que se tornou o mais famoso: a cobiça da mulher de seu general. Ele engravidou Bate-Seba e, para que a gravidez não ficasse clara como sendo fruto de uma traição, colocou o general no *front* para morrer em batalha. Depois, Davi se casou com ela e, tendo sido repreendido pelo profeta de Deus, se arrependeu amargamente. Leia mais em 2Samuel 11 e 12.

86 Atos 13:22 diz: "E, tendo retirado este, levantou-lhes o rei Davi, do qual também, dando testemunho, disse: 'Achei Davi, filho de Jessé, homem segundo o meu coração, que fará toda a minha vontade'".

1. Davi era rei, mas tinha amigos de verdade. Jônatas, filho de Saul, foi apenas o primeiro de muitos amigos. Davi soube manter as esferas da amizade. Tinha amigos íntimos, mas também os necessários e os estratégicos.
2. Davi era poderoso, mas a simplicidade era sua rotina. Ele tocava harpa e dançava de alegria. A felicidade está na simplicidade, quanto mais complexa você tornar a sua vida, mais longe de ser feliz estará.
3. Ele tinha muitos inimigos, mas nunca foi derrotado. Davi soube formar equipes para que o protegessem. A Bíblia relata as várias vezes em que ele foi salvo por alguém de sua equipe (por exemplo, Abisai o protegeu de um filisteu certa vez).
4. Tinha momentos de raiva, mas era quebrantado de coração. O fato de nunca se achar superior fez que Davi sempre reconhecesse seus erros rapidamente. Isso o manteve nas graças de Deus, como quando o profeta Natã o exortou por desejar a mulher de seu general!
5. Era provocado, mas não entrava em guerras que não eram dele, como quando teve chance de assumir o trono de Israel se matasse Saul, mas se recusou a fazer isso.
6. Sabia lidar com os incontornáveis, como no caso de seu filho Absalão, que o traiu e tentou usurpar o trono.

É preciso entender que Davi sabia usar o silêncio, protegia o seu coração (emoções) com o escudo da humildade e, acima de tudo, temia a Deus! Anote estas três características de um ESPECIALISTA em pessoas:

- **Fala pouco**
- **É humilde**
- **Teme a Deus sobre todas as coisas**

O segredo de Davi: como ser humano e acertar na vida ao mesmo tempo

Não devemos permitir que alguém saia da nossa presença sem se sentir melhor e mais feliz.
Madre Teresa de Calcutá

Esse pastorzinho de ovelhas que se transformou em um lendário rei era um especialista em pessoas.

Sim, caro amigo, Davi sabia lidar com gente! Este, para mim, foi o grande trunfo do adolescente que foi rejeitado pela família e escarnecido pelos irmãos.

Desde o início de sua história, na Bíblia, você vê Jessé esquecendo de Davi quando o grande profeta Samuel visita sua casa em busca do próximo rei de Israel.[87] Por outro lado, não há indicações de que Davi tenha se esquecido de seu pai.

Você encontrará seus irmãos zombando dele. Quando Davi foi levar o almoço para os irmãos no *front* de batalha contra o gigante Golias, riram dele por querer lutar, mas você jamais verá Davi retribuindo esse mal.[88]

Essa afronta veio exatamente daqueles que são de seu próprio sangue e na famosa batalha contra o gigante. Sabe o que Davi fez? Focou na missão que tinha de cumprir, e não na implicância dos incontornáveis.[89] Entendeu?

Quando fugia de Absalão, o próprio filho que acabara de usurpar seu trono, Simei gritava maldições pelo caminho e insultava duramente o usurpador, mas Davi deixou essa grave afronta de lado.[90]

Certa vez, ele ficou irado de tal forma que desejou matar Nabal, homem rico que se recusara a alimentar seu exército. Ao ouvir um

---

87 1Samuel 16.

88 1Samuel 17.

89 Idem.

90 2Samuel 16 e 17.

pedido humilde de Abigail, a esposa de Nabal que, depois de enviuvar, se tornaria sua esposa, Davi ficou constrangido e mudou de ideia.[91]

Já era rei quando tornou-se amante de Bate-Seba e mandou matar Urias, marido dela. Davi se arrependeu tão logo foi exortado pelo profeta e tentou de tudo para que outras pessoas não fossem feridas pelo seu erro.[92]

Quando teve que fugir do seu sogro Saul, escondeu-se em uma caverna; tendo a oportunidade de vingar-se e matar Saul, preferiu ficar ali e treinar seu exército.[93]

HÁ PESSOAS QUE SIMPLESMENTE CONHECEMOS; OUTRAS, DEUS NOS APRESENTA.

Durante o processo de se tornar um especialista em pessoas, você vai conhecer muita gente. Certas pessoas, o próprio Deus vai colocar em seu caminho.

Algumas pessoas serão consolo para você; outras, confidentes; algumas vão entrar na sua vida para desafiá-lo a crescer e a dar o próximo passo. Outras serão o teste para a sua paciência, e isso não quer dizer que não foram enviadas por Deus. Algumas vão machucar você, mas isso não vai derrubá-lo, e sim servir como alavanca para que amadureça.

Uma coisa é certa: você será afiado!

ASSIM COMO O FERRO AFIA O FERRO, ASSIM O HOMEM AFIA O SEU AMIGO.[94]

Deus colocou Jônatas no caminho de Davi. Ele foi um amigo leal e verdadeiro. Esteve com Davi nas suas piores dificuldades. Nem todos os amigos, porém, são assim. Em Salmos 41:9, lemos o seguinte:

----

91 1Samuel 25.

92 2Samuel 12.

93 1Samuel 24.

94 Provérbios 27:17.

ATÉ O MEU AMIGO ÍNTIMO, EM QUEM EU CONFIAVA, QUE COMIA DO MEU PÃO, LEVANTOU CONTRA MIM O CALCANHAR.

Nesse verso, Davi fala de outros amigos, que o levaram a ter experiências que o conduziram à maturidade. Sei que não é fácil, mas é dessa forma que o ser humano aprende.

De volta à luta entre mundo IDEAL *versus* mundo REAL

Começamos este livro falando sobre como seria bom se vivêssemos no mundo ideal. Esse mundo já existiu um dia. Era conhecido como Jardim do Éden.

Agora, pense comigo! Ali o lugar era perfeito. A comida era perfeita. O clima era perfeito. A relação com Deus era perfeita. Tudo era perfeito! E, ainda assim, o ser humano conseguiu estragar tudo!

Imagine agora este mundo real onde vivemos e que está longe daquela perfeição!

A gente já conhece a teoria: devemos amar uns aos outros; devemos perdoar 70 vezes 7 (ou seja, todas as vezes); devemos buscar a paz em todas as situações; devemos andar a segunda milha; devemos oferecer a outra face; e por aí vai. Entretanto, vale a pena discutir essa questão. Porque, na teoria, é simples, mas na prática... lidar com pessoas é um desafio diário para qualquer um, ainda mais para quem crê em Jesus e busca a eternidade.

Surgem, então, as perguntas:

- COMO amar uns aos outros?
- COMO perdoar todas as vezes?
- COMO buscar a paz em todas as situações?

Para responder a essas perguntas, justamente, devemos recorrer a três pilares fundamentais. Eles servem para resolver qualquer situação difícil que você tenha com qualquer pessoa com quem se relacione, quer seja nas três esferas da amizade, quer seja na teoria 2 em 1 (casamento), quer seja com incontornáveis (familiares, amigos de trabalho, vizinho de porta etc.), quer seja com contornáveis (pessoas com as quais você não convive, como o garçom que o atendeu no restaurante ou a moça do *check-in* no aeroporto). Vamos aprender mais sobre esses três pilares fundamentais para resolver qualquer situação difícil que você vivencie com pessoas, como aconteceu com Davi, o caso real da sabedoria milenar que estamos acompanhando neste capítulo.

Oração

O primeiro pilar que sustenta uma pessoa e ajuda a resolver qualquer situação é a oração.

ORAR É CONSULTAR QUEM JÁ O VIU NO FUTURO.

UAU! Se é possível consultar quem sabe o resultado de qualquer uma de suas escolhas, de maneira que você possa decidir a melhor alternativa, por que não? Antes de agir e de adotar qualquer estratégia, é preciso orar pedindo a Deus por sabedoria, clareza, direção e sinais. Você pode até tentar arranjar uma desculpa aí na sua cabeça, do tipo: "Ah, mas eu não tenho religião" ou "Orar é coisa de fanático", ou ainda "Ah, eu não gosto de orar".

Veja isto então: orar não faz com que você tome parte de um sistema religioso! Orar não transforma você em um fanático! Orar muito menos tem a ver com o que você gosta ou deixa de gostar! Orar é uma necessidade do ser humano, tendo em vista que somos corpo, alma e espírito. A comida é para o corpo; a inteligência emocional é para a alma; e a oração é o alimento do espírito.

Você pode até não gostar de almoçar todo dia, pode não ser fã de alguma verdura ou legume, mas nem por causa disso deixa de alimentar o corpo. Por que com o espírito você faria diferente?

Orar é imprescindível. O corpo humano não sobrevive sem água e sem alimento. A alma também sofre sem oração. E toda a sua vida sofre, consequentemente. Sabe o que acontece se uma pessoa ficar uma semana sem alimentos e líquidos? Segundo reportagem da revista *Superinteressante*, "pode implicar sérios riscos para a saúde, levando inclusive à morte".[95]

Abasteça a sua alma. Peça a Deus que abra os seus olhos, os seus ouvidos, a sua mente e acalme o seu coração diante das controvérsias da vida. Peça a Deus que ajude você a enxergar da maneira como Ele enxerga a situação pela qual você está passando. Não deixe de pedir dicas de como Ele resolveria essa situação se isso dependesse exclusivamente d'Ele. ACREDITE, Ele responde.

Veja, desde o começo, estamos trabalhando aqui neste livro com vários conceitos de desenvolvimento pessoal chamados seculares. Isso significa que eles não pertencem necessariamente à forma de pensamento cristã. Fiz isso porque a ciência existe para nos ajudar com ferramentas que nos levem a crescer.

Contudo, eu posso afirmar que, **se com Deus é difícil, sem Deus torna-se impossível** a arte de "suportar uns aos outros".

Para quem tem a força divina, tudo fica muito mais fácil, a vida torna-se mais leve. Isso não significa que não há problemas, quem dera! Significa, na verdade, que você possui a sabedoria milenar divina para compartilhar suas dores e para a qual pedir orientação.

Entenda que estou falando de Deus, não de religião. Muitos religiosos vivem uma vida pesadíssima, pois nunca conheceram a Deus, apenas adoram as regras que os homens criaram em nome dele.

A ciência existe para somar, acrescentar, catalisar nosso desenvolvimento como seres humanos, mas eu sei que, sem uma conexão divina, tudo torna-se vazio e sem sentido.

Nosso desenvolvimento humano só tem plenitude diante da busca pela eternidade.

NOSSO DESTINO É A ETERNIDADE, ESTA TERRA É APENAS O PROCESSO PARA CHEGARMOS LÁ.

Se você leu o livro com bastante atenção, já deve ter percebido que os preceitos milenares embasam todas as teorias apresentadas

---

95 Disponível em: <https://super.abril.com.br/mundo-estranho/quanto-tempo-resistimos-sem-comer-nem-beber/>. Acesso em: 18 set. 2019.

aqui. Então, se você quer realmente ser um especialista em pessoas, a oração é fundamental.

Quando eu era criança, meu pai sempre me dizia: "Tiago, a oração é a chave da vitória". Parece clichê, mas deu certo comigo. Nunca quis ser um perdedor na vida, então eu sempre orei bastante! Segui os conselhos do meu pai, que até hoje me cobra diariamente uma vida de oração.

Falar com Deus (que é o verdadeiro sentido de orar) tem efeitos poderosos e imediatos, quer um exemplo?

Dê uma olhada na mala abaixo:

Imagine, agora, que eu vire e fale assim para você: "*Eu tenho uma recompensa absurdamente maravilhosa para você. Garanto que vai valer muito a pena. Contudo, para ganhar a recompensa e todos os benefícios decorrentes dela, você vai precisar carregar essa mala aqui por um percurso de 10 quilômetros. Depois que você conseguir completar esse trajeto carregando estas coisinhas aqui, tudo vai fazer sentido na sua vida e você será muito mais feliz*".

Você se assusta um pouco, mas se sente empolgado com a recompensa. Então, você se dispõe a avaliar mais de perto o peso e o volume que vai precisar carregar... Dá apenas uma conferida melhor na bagagem:

Pensa num volume e num peso! Vai ser sofrido, hein?

Agora, vamos mudar um pouco o cenário da situação...

Imagine que eu pegue todas essas coisas que você vai precisar carregar e só troque de mala. Eu concentro, então, todo o volume em uma única mala de rodinhas...

Perceba: eu não propus mudar o peso, o peso é o mesmo. Tudo o que mudou é que ficou muito mais fácil carregar.

Assim é a vida de uma pessoa que tenta se relacionar com as outras sem oração, sem o Espírito Santo, sem colocar em prática os preceitos bíblicos, em comparação com outra que utiliza o poder de Deus na sua vida. Com o poder de Deus – a oração –, fica mais fácil carregar o peso do dia a dia, o peso dos defeitos das pessoas e dos erros que elas cometem contra a gente.

Não é religião, é fé com estratégia.

Inteligência emocional

O QUE A CIÊNCIA CHAMA DE INTELIGÊNCIA EMOCIONAL, A BÍBLIA JÁ MENCIONAVA COMO FRUTO DO ESPÍRITO:[96] AMOR, ALEGRIA, PAZ, LONGANIMIDADE, BENIGNIDADE, BONDADE, FIDELIDADE, MANSIDÃO E DOMÍNIO PRÓPRIO.

---

96 O fruto do Espírito está registrado em Gálatas 5:22-23.

O segundo pilar que sustenta qualquer pessoa e ajuda a resolver qualquer situação é a inteligência emocional.

Ter inteligência emocional não é se negar a ter pensamentos e sentimentos negativos. Também não é se culpar por ser arrebatado por pensamentos e sentimentos indesejáveis.

Como relembramos no começo deste capítulo, há uma grande diferença entre o mundo ideal e o mundo real. Neste mundo real, você terá, sim, esses pensamentos e sentimentos não ideais.

Num famoso estudo liderado pelo falecido Daniel Wegner, professor de Harvard, foi solicitado aos participantes que evitassem pensar em ursos brancos. Quando questionados, eles relataram que tiveram dificuldade para fazer isso.[97]

Da mesma forma, se eu falar agora para você: "Não pense em inveja" ou "Não pense em coisas feias ou reprováveis", você provavelmente será induzido a pensar sobre isso.

Você alguma vez já fez dieta? Já fez uma daquelas bem restritivas, cheias de proibições? Caso já tenha feito, certamente você vai se lembrar de que até sonhava com pizza, bolo recheado, lasanha, refrigerante, batata frita, sorvete, chocolate… Que delícia! Isso nos faz até lembrar daquele verso de música: "Tudo que eu gosto é ilegal, é imoral ou engorda".[98]

Acontece que a inteligência emocional entra na parte do que é evitável. Se é inevitável controlar (parte de DEUS) o que você pensa e sente, é evitável permitir ser fisgado por esses pensamentos e sentimentos como um peixe num anzol. ENTENDE?

É assim: você não tem como não controlar o que acontece com você, partindo de outros, mas a BOA NOTÍCIA é que você tem, sim, a habilidade de controlar como reagirá a partir do que fizeram contra você.

Vamos lá, eu vou dar algumas dicas para que você desenvolva inteligência emocional a partir de agora.

---

97 Disponível em: <https://amenteemaravilhosa.com.br/sonho-de-wegner-efeito-supressao-de-pensamentos/>. Acesso em: 19 set. 2019.

98 Composição de Erasmo Carlos e Roberto Carlos.

Em primeiro lugar, **reconheça os seus padrões:** *evite situações ativadoras dos gatilhos que trazem à tona coisas que você quer evitar.*

Anos atrás, resolvi anotar toda vez em que eu ficava nervoso com algo e me descontrolava de alguma forma. Para isso, eu montei um rascunho com algumas perguntas simples em um papel:

Quando?
Com quem?
Por quê?
Onde?

Nessa época, aconteceu algo que me marcou. Eu pedi para a Jeanine transferir uma pequena quantia financeira para a minha conta pessoal, pois eu iria sair com alguns amigos. Como ela administra os recursos aqui de casa, por estar atarefada, ela simplesmente reclamou e disse que, quando ela tivesse um tempo, faria. Eu explodi de raiva instantaneamente e falei em voz alta: "Esse dinheiro é meu!".

Foi uma cena tão ridícula e absurda que eu, na mesma hora, caí em mim e pedi perdão.

Mas anotei: **Quando, com quem, por quê, onde.**

Sabe o que eu descobri depois de meses nessa investigação? Havia um padrão para as minhas explosões. O gatilho para isso acontecia QUANDO eu queria fazer algo que me desse prazer (como sair com amigos ou ir a um estádio de futebol assistir a um jogo), e minha esposa (neste caso) me limitava com uma desculpa de tempo (nesse caso). Interessante lembrar que eu nunca "explodi" em público, foi sempre em casa. Então, vamos lá:

Quando: ao buscar situações de prazer
Com quem: com minha esposa
Por quê:: ela controlava os recursos financeiros e estava me limitando
Onde: em casa

Concluí, dessa forma, que o meu gatilho era acionado quando um prazer era barrado por causa de dinheiro.

Gente, isso é libertador.

Esse gatilho estava totalmente relacionado às minhas privações de vida! Como passei muitas restrições financeiras na adolescência, e até na vida adulta, eu não admitia emocionalmente ser podado por falta de algum recurso. Também descobri em mim um grande ato de covardia, pois jamais tive coragem de fazer isso com outra pessoa além da Jeanine. Somente em casa e com a parte mais frágil da minha relação 2 em 1, que é a minha esposa.

Posso dizer que estou falando do meu passado. Isso já faz anos. Identifiquei, me arrependi e corrigi.

E você?

Que tal fazer um *check-up* emocional?

Em segundo lugar, **tente racionalizar as situações**: *nomeie seus pensamentos e suas emoções*. Seja honesto com você mesmo.

Nomeie seus sentimentos. Diga em voz alta, na frente do espelho, por exemplo: "Eu estou sentindo ódio. O nome desse sentimento é raiva".

Em seguida, questione:

> Por que estou sentindo isso?
> Em relação a quem?
> É um sentimento real ou estou imaginando coisas?
> E agora, o que devo fazer?

Para se tornar um especialista em pessoas, você precisa do fruto do Espírito, então precisa renunciar aos instintos primitivos da carne, aos impulsos humanos: "prostituição, impureza, lascívia, idolatria, feitiçarias, inimizades, porfias, ciúmes, iras, discórdias, dissensões, facções, invejas, bebedices, glutonarias e coisas semelhantes a essas".[99] É certo que ninguém conseguirá ser um especialista em pessoas se "as obras da carne" forem maiores que as do Espírito (inteligência emocional)

---

99 Gálatas 5.19 a 21.

Obra da carne	Obra do Espírito
Prostituição	Amor
Impureza	Alegria
Lascívia	Paz
Idolatria	Longanimidade
Feitiçaria	Benignidade
Inimizade	Bondade
Porfia	Fidelidade
Ciúme	Mansidão
Ira	Domínio próprio
Discórdia	
Dissensão	
Facção	
Inveja	
Bebedice	
Glutonaria	
Coisas semelhantes	

A diferença entre os animais irracionais e os seres humanos é esta: você foi criado à imagem e semelhança de Deus. Você tem o poder de REFLETIR sobre as coisas e DECIDIR quebrar um ciclo de ódio! Afinal de contas, historicamente falando, nunca um odioso se deu bem na vida.

Você sabe, teoricamente, como resolver cada situação e procurar aproximar cada vez mais a realidade da teoria. Basta perguntar-se: "Diante dessa situação, o que Jesus faria no meu lugar?" e "Como eu posso imitar os passos do Mestre?".

Aja com base em seus valores.

Você tem uma lista de valores? Não? Faça agora mesmo essa lista. Coloque nela tudo aquilo que você jamais negociaria. É bom ter isso por escrito e sempre à vista.

Minha lista de valores
1
2
3
4
5

Em terceiro lugar, **mude o foco**!

Ah, isso é importante.

Dê um prazo determinado para ruminar as situações, mas não se perca nisso. Quem cultiva um pé de limão não pode esperar colher uma laranja, não é mesmo? Então, da mesma forma, perca tempo cultivando apenas aquilo que você deseja colher! É a famosa lei da semeadura.

Ruminar situações difíceis e decidir reagir da forma mais acertada não pode ser uma ponte para um processo de lamúria e murmuração. Não adianta nada agir corretamente e depois ficar lamuriando a situação... Portanto: mude o foco!

Decida, aja sobre a situação difícil e, em seguida, olhe para as demais coisas da vida, preferencialmente, aquelas que proporcionam a você prazer e alegria.

Se você, por exemplo, tem muita dificuldade de lidar com um incontornável, e já decidiu que vai aturá-lo apenas nas festas de família, acostume-se com a ideia e pense numa "recompensa" para logo depois. Se dê de presente, por exemplo, uma tarde no sofá, um passeio no parque, um momento de alegria fazendo algo de que você gosta e que lhe traz prazer.

Lembre-se de que a oração é o primeiro pilar e entregue a Deus esses momentos todos. Dessa forma, você poderá sempre estar com o coração limpo, sem se apegar demasiadamente às situações difíceis, ou seja: sem ser como um peixe fisgado pelo anzol da raiva, do ressentimento, da mágoa...

O mais importante dessa entrega é que você deixa de ser alvo, percebe? A ofensa é a maior estratégia do nosso inimigo para abrir um buraco em nosso coração. Se você não permite que ela entre, não é fisgado. O mesmo serve para as suas ações: não ofenda e não cultive ofensas.

Lembre-se de que a sua alma não é território alheio, você tem a custódia das suas emoções.

Comunicação direta não agressiva

Sinto-me tão condenada por suas palavras.
Tão julgada e dispensada.
Antes de ir, preciso saber:
Foi isso que você quis dizer?
Antes que eu me levante em minha defesa,
Antes que eu fale com mágoa ou medo.
Antes que eu erga aquela muralha de palavras.
Responda: eu realmente ouvi isso?
Palavras são janelas ou são paredes.
Elas nos condenam ou libertam.
Quando eu falar e quando eu ouvir,
Que a luz do amor brilhe através de mim.
Há coisas que preciso dizer,
Coisas que significam muito para mim.
Se minhas palavras não forem claras,
Você me ajudará a me libertar?
Se pareci menosprezar você,
Se você sentir que não me importei,
Tente escutar por entre as minhas palavras
Os sentimentos que compartilhamos.

Esse poema de Ruth Bebermeyer está no livro *Comunicação não--violenta.*[100] Como é forte a mensagem que ele transmite. Que confronto em meio à doçura da poesia.

A mais dura realidade é que pode existir um abismo entre o que eu falo e o que você entende sobre o que eu falo. Quem nunca foi mal interpretado ou interpretou algo de maneira equivocada? Que jogue a primeira pedra aquele que também nunca falou algo e se arrependeu pela forma como se comunicou.

SIM, caros leitores, a comunicação é uma ferramenta IMPORTANTÍSSIMA na construção de relacionamentos. Mais que uma ferramenta, ela é um pilar, porque ela – assim como a oração e a inteligência emocional – sustenta as relações.

Você jamais pode ser receptor ou portador, por exemplo, de fofocas e "diz-que-me-diz". Você, de forma alguma, pode mandar indiretas pela internet ou falar mal "pelas costas". Foi o principal exemplo de ser humano quem nos ensinou isso, o próprio Jesus. Ele, que foi e é o maior especialista em pessoas de todos os tempos, chamou os fariseus de "raça de víboras", mas disse isso na cara deles, não falou pelas costas, cochichando com os discípulos.

O PROBLEMA NÃO É O QUE SE FALA, É COMO SE FALA.

É por isso que, para se tornar um especialista em pessoas, você precisará entender a importância de se comunicar de maneira assertiva.

Comunicação assertiva é um tema tão vasto e tão importante que, por si só, rende um livro inteiro. Contudo, decidi resumir para você as lições que eu considero as mais importantes para uma comunicação bem-sucedida. Afinal de contas, a minha preocupação aqui é não ser teórico demais, mas municiar você com ferramentas que, no dia a dia, vão lhe permitir lidar melhor com as pessoas ao seu redor.

Vamos lá!

100 ROSENBERG, Marshall B. *Comunicação não violenta*. São Paulo: Ágora, 2006.

Princípios básicos da comunicação direta não agressiva

1. **SEMPRE QUE PUDER, SORRIA:** a não ser que o assunto sobre o qual estejam conversando seja triste, pesado ou realmente sério, procure sorrir e ser agradável na medida do possível.
2. **OLHE NOS OLHOS AO CONVERSAR COM ALGUÉM:** os olhos são a janela da alma, e é pelo olhar que se cria conexão com as pessoas.
3. **QUANDO FOR NECESSÁRIO DIÁLOGO ABERTO E ALINHAMENTO DE EXPECTATIVAS, PROCURE CONVERSAR PESSOALMENTE:** se não for possível, telefone. A comunicação escrita é um dom que nem todos têm. Ainda mais se forem amigos íntimos ou mesmo necessários, e principalmente pessoas incontornáveis. As pessoas se sentem importantes quando você as procura para um diálogo pessoalmente ou por telefone (uma vez que quase ninguém faz mais isso hoje em dia).
4. **REFLITA, MEMORIZE E UTILIZE OS SEGUINTES PENSAMENTOS/FRASES EM CONVERSAS DE ALINHAMENTO DE EXPECTATIVAS:**
   a. Todos nós temos pontos de vista diferentes. Como podemos conciliar os nossos?
   b. Mostre-me ou fale-me sobre como você está se sentindo. Depois, eu também lhe falarei a respeito de como estou me sentindo.
   c. Você pode jogar uma luz sobre esse problema?
   d. O que você espera de mim? Está preparado para ouvir o que eu espero de você?
   e. Seria possível agirmos de qual forma, daqui para a frente, de modo que nós dois possamos nos entender melhor?
5. **EM CASOS DE CONFRONTO OU DIANTE DE UMA AGRESSÃO, PROCURE UTILIZAR OS SEGUINTES PENSAMENTOS/FRASES:**
   a. Seja objetivo: quem muito fala, tende a se arrepender muito.

b. Gostaria de discutir esse assunto de maneira breve e precisa, sem agressões pessoais. Podemos chegar a um acordo?
c. Gostaria de discutir esse ponto com tranquilidade. Por favor, pare de me provocar.
d. Não vamos nos desviar do objetivo da conversa.
e. Esse comentário é ofensivo. Acho que teremos que encerrar nossa conversa por aqui, para que não nos exaltemos nem percamos a razão.

Ao olhar inicialmente para essas ferramentas de comunicação, pode parecer coisa de filme pensar em agir assim diariamente. Na verdade, porém, são ferramentas que grandes heróis bíblicos usaram para fazer a diferença, a ponto de entrarem para a história em razão disso. São estratégias para que você construa um fim bem melhor do que o seu início.

Você não pôde escolher onde nasceu, mas pode decidir como vai viver.

Você não teve a chance de escolher quem foram seus pais, mas o tipo de pai ou mãe que você será, isso é possível decidir.

Decisão > Comunicação > RESULTADOS

Decida como você guiará os seus sentimentos, as suas reações e atitudes.

Comunique-se de forma certeira e direta.

Aguarde os resultados!

Jesus, a imagem do Deus invisível. O que isso quer dizer?

[...] dando graças ao Pai, que vos fez idôneos à parte que vos cabe da herança dos santos na luz. Ele nos libertou do império das trevas e nos transportou para o reino do Filho do seu amor, no qual temos a redenção, a remissão dos pecados. **Este é imagem do Deus invisível**, *o primo-*

gênito de toda a criação; pois, nele, foram criadas todas as coisas, nos céus e sobre a terra, as visíveis e as invisíveis, sejam tronos, sejam soberanias, quer principados, quer potestades. **Tudo foi criado por meio dele e para ele.**

Ele é antes de todas as coisas. Nele, tudo subsiste.[101]

Aprendemos que o mundo reflete aquilo que apresentamos como espelho. Assim também, Jesus é o reflexo de Deus no espelho, é a demonstração de como ele é.

Eu só não digo que Jesus é a "amostra grátis" do Céu em razão do alto preço que foi pago para que hoje soubéssemos que a Eternidade é possível. De graça realmente não foi, custou o sangue do Filho de Deus na cruz pelo nosso pecado .

Escrevo este último capítulo em lágrimas, pois reconheço que a minha vida e tudo o que estou experimentando hoje não seriam possíveis se Jesus não tivesse perdoado os meus pecados antes mesmo de eu cometê-los e se, por graça e misericórdia, não tivesse me mostrado o passo a passo da sobrevivência aqui na terra por meio de sua biografia, os quatro evangelhos.

Neste momento, estou atravessando o Oceano Pacífico, voltando para casa. Sentado nesta poltrona de avião, observando os comissários de bordo passarem de um lado para o outro, veio um estalo em minha mente que me fez entender toda a "correria" da minha vida.

Passo tanto tempo viajando por conta do trabalho que há dias em que nem sequer me lembro da cidade onde estou. Existem períodos em que não consigo conter o choro de extrema saudade de casa e das minhas crianças. Em muitos momentos, olhando-me no espelho de um hotel, perguntei a mim mesmo: "Por que você faz isso, rapaz? Viva uma vida normal. Para que tanto esforço?".

Em uma dessas vezes, Jesus respondeu à minha pergunta: "Você faz isso porque foi o que eu fiz por você. Depois de ter resgatado e perdoado você, confiei-lhe a missão de salvar (pregando o evangelho), treinar e amadurecer as pessoas (por meio dos cursos, das conferências e dos livros)". Mais que pronto, respondi: "Eis-me aqui, Senhor!".

Hoje eu vivo para melhorar a vida das pessoas porque TUDO que Jesus fez foi por elas.

---

101 Colossenses 1:13-23

Conforme a Bíblia revela, Cristo estava na eternidade, andava por ruas de ouro, habitando em mansões celestiais, era adorado 24 horas por dia por anjos e arcanjos e decidiu deixar tudo isso para vir a esta terra comprar com preço de sangue a única coisa que havia aqui embaixo, mas os céus não possuíam: PESSOAS!

TUDO foi por você e por quem está à sua volta.

O propósito deste livro em tornar você um especialista em pessoas é justamente porque nada agradaria mais a Deus do que você aprender a cuidar de quem Ele decidiu salvar.

APRENDA A CUIDAR DAQUELES QUE JESUS DECIDIU SALVAR.

Depois de percorrermos juntos os capítulos anteriores deste livro, sabemos que é difícil lidar com pessoas e que muitas delas nos ferem bastante. Sabemos também que você e eu demos o mesmo trabalho para Deus e, ainda assim, Ele preferiu amar e salvar a você e a mim.

Encerro este livro deixando claro que não há outro caminho, APRENDA a lidar com as pessoas! Seja humilde, paciente e esteja sempre disposto a perdoar, pois não se trata dos seus sentimentos ou emoções, o PROPÓSITO é divino e eterno, e é salvar pessoas.

Jesus tecnicamente deveria ser um líder religioso, mas Ele contraria esse "título" quando demonstra publicamente que *a vida de uma pessoa vale mais do que qualquer lei religiosa*:

> Os escribas e fariseus trouxeram à sua presença uma mulher surpreendida em adultério e, fazendo-a ficar de pé no meio de todos, disseram a Jesus: "Mestre, esta mulher foi apanhada em flagrante adultério. E na lei nos mandou Moisés que tais mulheres sejam apedrejadas; tu, pois, que dizes?". Isto diziam eles tentando-o, para terem de que o acusar. Mas Jesus, inclinando-se, escrevia na terra com o dedo. Como insistissem na pergunta, Jesus se levantou e lhes disse: "Aquele que dentre vós estiver sem pecado seja o primeiro que lhe atire pedra". E, tornando a inclinar-se, continuou a escrever no chão. Mas, ouvindo eles esta resposta e acusados pela própria

> consciência, foram-se retirando um por um, a começar pelos mais velhos até os últimos, ficando só Jesus e a mulher no meio onde estava. Erguendo-se Jesus e não vendo a ninguém mais além da mulher, perguntou-lhe: "Mulher, onde estão aqueles teus acusadores? Ninguém te condenou?". Respondeu ela: "Ninguém, Senhor!". Então, lhe disse Jesus: "Nem tampouco te condeno; vai e não peques mais".[102]

Jesus não se importava com religiosidade. Jesus chorava por pessoas. Ele viveu para ensinar pessoas. Ele morreu na cruz e ressuscitou por causa da gente, fez tudo isso para redimir pessoas.

Tudo se trata de gente e da gente.

Seja um especialista em pessoas!

Ame como ele ama!

> **"A culpa pode ser do fofoqueiro, mas a responsabilidade é sua que conta segredos para quem não deveria ter acesso ao seu coração."**

102 João 8:3-11.

CONSELHOS FINAIS

Não basta conquistar a sabedoria,
é preciso usá-la.
Cícero

Levei um tempo considerável da minha vida para me tornar um especialista em pessoas.

Mas garanto que se estou onde estou é porque aprendi a lidar com elas.

Conforme você pôde ler nas páginas deste livro, já cometi diversos erros e, se eu tivesse a bagagem emocional, a sabedoria e a atenção aos conselheiros da minha vida com as quais conto hoje, muito provavelmente eu não erraria tanto. É claro que ainda cometo erros com pessoas, mas hoje sei como repará-los, sou rápido em buscar reconciliação e perdão.

É exatamente por esse motivo que apresentei a você essa sabedoria. Se você aprender e colocar em prática aquilo que trabalhamos juntos aqui, sua vida será muito melhor. Digo isso com certeza, porque sei e afirmo sempre o seguinte: tudo está relacionado a pessoas. Se você souber lidar com pessoas, terá uma vida muito mais feliz e tranquila.

Finalizo, então, com a cereja do bolo, dois conselhos preciosos que permeiam tudo do que este livro trata.

Conselho 1

Você nunca será um especialista em pessoas se não compreender como você mesmo funciona: suas limitações, suas habilidades, seus traumas e suas virtudes.

Afinal, é como eu sempre digo em minhas palestras e em meus livros anteriores:

QUEM NÃO GOVERNA A SI MESMO, NÃO PODE GOVERNAR MAIS NADA.

Conselho 2

Pare de culpar os outros!

Acredito que deixei claro que criticar o invejoso ou se vingar de um algoz não mudará quem eles são. O mentiroso não deixará de mentir só porque você mandou "umas verdades pra ele" via Facebook, por exemplo.

Sendo assim, guarde este conceito:

A CULPA PODE SER DO FOFOQUEIRO QUE ESPALHA O QUE NÃO DEVIA, MAS A RESPONSABILIDADE É SUA QUANDO CONTA SEGREDOS A QUEM NEM DEVERIA TER ACESSO AO SEU CORAÇÃO.

Para que esses dois conselhos sejam mais eficazes em sua vida, vou apresentar mais algumas informações essenciais sobre o maior especialista em pessoas de todos os tempos.

Jesus e as pessoas: o bom samaritano

Jesus foi um grande contador de histórias. Para chegar ao coração das pessoas que o seguiam, Jesus usava parábolas, histórias fictícias muito verossímeis, com aplicações para a vida de seus ouvintes. Uma das parábolas mais famosas de Jesus é a do bom samaritano:[103]

> Eis que certo homem, intérprete da Lei, se levantou com o intuito de pôr Jesus à prova e disse-lhe: "Mestre, que farei para herdar a vida eterna?". Então, Jesus lhe perguntou: "Que está escrito na Lei? Como interpretas?". A isto ele respondeu: "Amarás o Senhor, teu Deus, de todo o teu coração, de toda a tua alma, de todas as tuas forças e de todo o teu entendimento e amarás o teu próximo como a ti mesmo".
>
> Então, Jesus lhe disse: "Respondeste corretamente; fazes isso e viverás". Ele, porém, querendo justificar-se, perguntou a Jesus: "Quem é o meu próximo?". Jesus prosseguiu dizendo: "Certo homem descia de Jerusalém para Jericó e veio a cair em mãos de salteadores, os quais, depois de tudo lhe roubarem e lhe causarem ferimentos, retiraram-se, deixando-o semimorto. Casualmente, descia um sacerdote por aquele mesmo caminho e, vendo-o, passou de largo. Semelhantemente, um levita descia por aquele lugar e vendo-o, também passou de largo. Certo samaritano, que seguia o seu caminho, passou-lhe perto e, vendo-o, compadeceu-se dele. E, chegando-se, pensou-lhe os ferimentos, aplicando-lhes óleo e vinho; e, colocando-o sobre o seu próprio animal, levou-o para uma hospedaria e tratou dele. No dia seguinte, tirou dois denários e os entregou ao hospedeiro, dizendo: 'Cuida deste homem, e, se alguma coisa gastares a mais, eu to indenizarei quando voltar'.

---

103 Esta parábola foi transcrita de Lucas 10:25-37.

> "Qual destes três te parece ter sido o próximo do homem que caiu nas mãos dos salteadores?" Respondeu-lhe o intérprete da Lei: "O que usou de misericórdia para com ele". Então, Jesus lhe disse: "Vai e procede tu de igual modo".

Uma das parábolas mais conhecidas de Jesus, a parábola do bom samaritano, é um resumo de toda esta obra: um doutor da lei judaica, carregado de orgulho, sarcasmo e ironia, tenta combater Jesus com uma pergunta capciosa.

Alguém já fez isso com você? Acredito que sim.

Já percebeu que sempre há pessoas que se acham mais do que os outros e querem encontrar um jeito de fazer perguntas e provocar situações que vão gerar feridas?

Contudo, Jesus era especialista em esquivar-se desse tipo de pessoa.

Repare que o Mestre não rebate a ironia, mas também não é indiferente à abordagem maldosa daquele judeu.

Então:

APRENDA A RESPONDER INSULTOS EMOCIONAIS DA FORMA CERTA.

Nesse texto, Jesus nos deixa um dos seus maiores ensinamentos, além de revelar quão bom especialista em pessoas ele é.

Muitos foram os que tentaram desarticular Jesus com ataques emocionais, como: perguntas maliciosas, fofocas absurdas, chamando-o de nomes horríveis e espalhando aquela clássica dúvida sobre sua verdadeira identidade.

Eu pergunto: sabe por que os ataques eram emocionais, e não jurídicos ou financeiros, por exemplo?

Porque a maior guerra que o ser humano enfrenta é no campo das emoções!

Quem ganha nas emoções, ganha todo o resto. Entende?

SOBRE TUDO QUE SE DEVE GUARDAR, GUARDA O CORAÇÃO [A SEDE DAS TUAS EMOÇÕES] PORQUE DELE PROCEDEM AS FONTES DA VIDA.[104]

Jesus, quando queria abrir a mente de alguém (pessoas sempre têm a mente fechada até que alguém a abra), falava comparando histórias com a realidade. Desse modo, aqueles que escutassem poderiam se identificar com algum personagem. Ele não respondia como a maioria das pessoas o faz, ele provocava no outro o pensamento crítico.

Jesus não agredia ninguém com acusações. Mas, ao mesmo tempo, falava por meio de parábolas que escondiam os segredos do seu reino. Era dessa forma que ele abria a mente do povo para as questões práticas e rotineiras da vida, por exemplo, lidar com pessoas.

Reparem que, no início dessa história, um doutor da lei judaica "desafia" Jesus com uma pergunta que estava carregada de sarcasmo. Aquele homem se apresenta diante do Mestre com a intenção de contrariar, envergonhar, desacreditar ou, no mínimo, "bater boca" com o Nazareno.

Ao se dirigir ao Messias, o doutor o chama de "mestre" em absoluta ironia, é claro. Como alguém que deseja ferir poderia sinceramente chamar o alvo pelo título dado a um professor?

O que aquele homem provavelmente não sabia é que Jesus era blindado emocionalmente. Aquele a quem ele se dirigia carregava o fruto do Espírito, que é demonstrado por características como a mansidão e o domínio próprio.

O Messias jamais se deixou levar pela ironia ou se abater pela arrogância de outrem.

Já nós nos deixamos levar com frequência, não é? Compramos briga, não levamos desaforo para casa, colocamos tudo para fora, vivemos no famoso "bateu, levou".

É por isso que você precisa decidir se quer ter razão ou se deseja influenciar positivamente as pessoas. Jesus mudou o mundo com sua influência sem nunca ter "brigado para ter razão".

---

104 Provérbios 4:23.

Nesse caso, para a surpresa de muitos, ele responde ao algoz emocional como os sábios costumam fazer: utilizando perguntas: "O que está escrito na lei? E como você interpreta isso?", Jesus fez essas perguntas ao homem que era doutor na lei judaica.

O mal-intencionado certamente ficou com raiva. Deve ter pensado: "Que sabedoria é essa que inverte as posições de um ataque? Vim argumentar, porém, agora, quem está sendo confrontado sou eu".

Ao questionar "O que está escrito?", Jesus tira a responsabilidade de cima de si. Com "Como você interpreta isso?", o Messias coloca a responsabilidade em quem perguntou. Jesus era muito inteligente!

Se tivéssemos a inteligência emocional de Jesus, o que seria impossível para nós?

PESSOAS FEREM, OUTRAS CURAM.

Jesus segue contando uma parábola na qual um homem é espancado por um bando de salteadores e deixado semimorto pelo caminho. É nesse momento da história que um samaritano o encontra moribundo e, apesar do desprezo de outros que haviam passado e nada feito, socorre-o cuidando das feridas e o levando para uma hospedaria. Pessoas feriram, outras curaram. Vida que segue!

Ladrões de alegria roubaram a saúde e a prosperidade daquele homem, um bom homem o restituiu em tudo. A vida é assim, pessoas são assim, como você viu em todo este livro.

Os personagens desta história são:

- O doutor da lei: irônico, malicioso e invejoso, que perturba quem está em destaque.
- Jesus: o especialista em pessoas.
- Os ladrões: aqueles que apenas roubam o que outros possuem.
- O homem espancado: ferido, indefeso e precisando de ajuda.
- O sacerdote e o levita: indiferentes à necessidade alheia.
- O samaritano: que se dispõe a deixar seus afazeres de lado e ajudar.

Nessa cena, digna de filme, quem é você? Qual é o seu personagem? Que tipo de PESSOA você é?

Jesus e as pessoas: o sermão do monte

Além de ensinar por parábolas quando era confrontado, Jesus também tinha o hábito de ensinar seus seguidores e seus discípulos. O sermão do monte é um dos ensinamentos mais conhecidos e importantes do Mestre:[105]

> Ouvistes que foi dito: Olho por olho, dente por dente. Eu, porém, vos digo: não resistais ao perverso; mas, a qualquer que te ferir na face direita, volta-lhe também a outra; e, ao que demandar contigo e tirar-te a túnica, deixa-lhe também a capa. Se alguém te obrigar a andar uma milha, vai com ele duas. Dá a quem te pede e não voltes as costas ao que deseja que lhes emprestes.
> Ouvistes o que foi dito: Amarás o teu próximo e orai pelos que vos perseguem para que vos torneis filhos do vosso Pai celeste, porque ele faz nascer o sol sobre maus e bons e vir chuvas sobre justos e injustos. Porque, se amardes os que vos amam, que recompensa tendes? Não fazem os publicanos também o mesmo? E, se saudardes somente os vossos irmãos, que fazeis de mais? Não fazem os gentios também o mesmo? Portanto, sede vós perfeitos como perfeito é o vosso Pai celeste.

O MAIS FAMOSO SERMÃO DE JESUS É SOBRE PESSOAS.

Viver essas instruções de Jesus dá a impressão de que vamos sempre "tomar um prejuízo". Afinal de contas, tomar um tapa na cara

----

105 Esse trecho do sermão do monte foi transcrito de Mateus 5:38-48.

e ainda ter que oferecer a outra face remete a "perder". Na verdade, porém, estamos blindando o nosso destino e cortando pela raiz futuros males e inconvenientes.

Quando não discutimos com quem "bateu na face direita", não nos tornamos bobos, apenas decidimos terminar aquela dor ali mesmo. Revidar é ampliar a dor, o que pode ser passível de fazer que essa dor se torne vitalícia. Quando a nossa escolha é por não entrar em contendas que vão perdurar, a chance de encerrar o problema é de 90%.

José do Egito

Nenhuma pessoa suporta a traição. Ser traído por si só é ser afrontado. Então imagine o fato de a traição significar ser vendido pelos próprios irmãos de sangue por pura inveja! Nesse caso, ser vendido significou sair forçadamente da casa do pai, deixar a comodidade desse lar, suas roupas preferidas e seu café da manhã especial para ir trabalhar como escravo em uma terra estrangeira.

Foi isso que aconteceu com José, que depois ficou conhecido como José do Egito.[106] Apenas na adolescência José se deparou com a solidão, com um idioma e uma cultura diferentes, e, pior, passou a dormir poucas horas, a comer o que sobrava, a fazer o que jamais faria se tivesse liberdade de escolha.

Quais sentimentos surgem no peito de quem sofre tamanha injustiça?

Coloque-se no lugar do jovem José. Como trabalhar essa dor, como lidar com a imagem de seus irmãos rindo na casa quentinha do pai enquanto ele sofria no frio de uma cela. Sim, uma cela, porque, depois de ser vendido, José acabou injustamente preso. Tudo isso a troco de nada. Por inveja!

----

106 A história completa de José do Egito está registrada em Gênesis 37 a 47.

NA VIDA É ASSIM: SOFRE MAIS QUEM PERDOA POR ÚLTIMO.

Os anos se passam para José, imagino que, no começo, muito lentamente. Aos poucos, o vento do destino começa a soprar a favor de José. A conspiração divina o coloca no lugar certo, na hora certa e com as pessoas certas.

Como passou aquele período crítico amadurecendo, e não reclamando, José desenvolveu dons, habilidades para lidar com pessoas e comportamento adequado para estar entre os grandes da terra, ainda que fosse um escravo.

Quando o faraó estava diante de um problema insolúvel, o copeiro do rei, que antes estivera preso com José, lembrou-se de que o jovem hebreu tinha o dom de interpretar sonhos e sabedoria para falar com pessoas estratégicas.

Foi assim que Deus mudou a sorte de um ex-filhinho de papai que se tornou escravo: José resolveu o enigma e foi nomeado governador de todo o Egito.

Quando toda a terra entrou em um período de dura fome e todas as nações foram até o novo governador do Egito implorar por comida, era com José que falavam. Em razão da sabedoria de José e da administração realizada por ele, somente o Egito possuía mantimentos.

Eis que surgiu, então, a grande chance de vingança: os irmãos de José, os mesmos que o haviam vendido anos antes, entram na fila para comprar alimentos, vindos de longe, em uma tentativa de sobreviver. Mas eles não tinham ideia de que o único provedor de vida em toda a terra era justamente o irmão que eles tinham maltratado e descartado anos antes.

E agora?

A conclusão dessa linda história bíblica é que José, agora todo-poderoso, reconhece seus irmãos e, depois de fazer alguns testes com eles, leva-os para uma sala privativa, tira a roupa faraônica e, chorando, grita: "Eu sou José, vosso irmão, a quem vendestes para o Egito".

Seus irmãos ficam atordoados com a notícia e o medo toma conta de todos.

Então o governador e administrador dos víveres de toda a terra diz: "Agora, pois, não vos entristeçais, nem vos irriteis contra vós mesmos por me haverdes vendido para aqui; porque, para conservação da vida, Deus me enviou diante de vós. [...] Assim, não fostes vós que me enviastes para cá, e sim Deus, que me pôs por pai de Faraó, e senhor de toda a sua casa, e como governador em toda a terra do Egito."

O propósito foi maior do que a dor.

José entendeu.

Entenda você também.

Assim também será contigo!

Lidar com pessoas pode deixar feridas, mas o seu futuro, o seu destino, é mais importante do que as dificuldades do presente. Acredite!

Desejo a você paz e prosperidade.

Tiago Brunet
Orlando – Flórida
Novembro de 2019

AGRADECIMENTOS

Agradecer a todos que contribuem com minha vida, e especificamente com este projeto, daria um livro à parte. Ninguém realiza grandes coisas sozinho, e eu não sou exceção. Muitos me ajudaram até aqui. Sou fruto de um trabalho em conjunto.

Sou grato a Deus pelo privilégio de ter amigos, parceiros, colaboradores, equipe e família que me moldam, impulsionam, animam, corrigem e aconselham.

Agradeço a Jeanine, minha esposa, pelos anos em que vem acreditando em mim e nas minhas ideias, mesmo com todas as minhas limitações. Nine, você sempre acreditou que eu poderia ajudar as pessoas por meio dos livros. Obrigado!

Agradeço aos meus filhos, que são a inspiração de que preciso para continuar. Enquanto escrevia este livro, Jasmim, nossa quarta filha, chegou. Durante os nove meses da gestação estive debruçado no computador e em livros, preparando este material para vocês!

Julia, José, Joaquim e Jasmim, papai ama vocês!

Sou grato aos meus editores Cassiano Elek Machado e Marília Chaves (que acreditaram na temática deste livro), Xavier Cornejo (que me representa no exterior e me aconselha nas publicações internacionais) e Gisele Romão (que revisou este livro e me ajudou com as pesquisas). Vocês me incentivam, dão polimento e extraem o melhor de mim. Obrigado pelas dicas, pela dedicação, pelas correções e pelo carinho. Obrigado à editora Planeta por acreditar nesta obra.

Agradeço ao meu irmão, Daniel Brunet, que sempre me ajudou a escrever com equilíbrio. A Marcos Simas, que acreditou no meu potencial e abriu portas pelas quais eu não sonhava em entrar.

À minha equipe: Cleiton Pinheiro, Mario Brunet, Maycon Estevam e todos os outros que ficaram lado a lado comigo discutindo as ideias aqui apresentadas.

Se tirássemos da minha vida as pessoas mencionadas nestes agradecimentos, este livro não seria possível.

Preciso honrar a quem me inspira e me dá forças para ser fiel ao meu proposto de vida: a força divina que conheço como Espírito Santo.

Como o próprio Jesus disse certa vez: **“Sem mim, nada podeis fazer”.**

Reconheço isso!

Receba meus conteúdos VIP gratuitamente no seu WhatsApp ou e-mail.

Basta usar a câmera do seu celular
neste QR Code ou acessá-lo por meio
do link http://bit.ly/tb-qrcode

Acreditamos
nos livros

Este livro foi composto em Caecilia LT Std,
Din Pro e Heathergreen e impresso pela
Gráfica Santa Marta para a Editora
Planeta do Brasil em janeiro de 2026.